"十四五"普通高等教育本科精品系列教材

U0497932

会计原理

▶ 主　编◎赖周静
▶ 副主编◎喻　平　　金乐茹　　谭治云

西南财经大学出版社

中国·成都

图书在版编目(CIP)数据

会计原理/赖周静主编;喻平,金乐茹,谭治云
副主编.--成都:西南财经大学出版社,2024.11.
ISBN 978-7-5504-6473-5

Ⅰ.F230

中国国家版本馆 CIP 数据核字第 2024EY3877 号

会计原理

KUAIJI YUANLI

主　编　赖周静

副主编　喻　平　金乐茹　谭治云

策划编辑:李邓超
责任编辑:向小英
责任校对:杜显钰
封面设计:墨创文化　张姗姗
责任印制:朱曼丽

出版发行	西南财经大学出版社(四川省成都市光华村街55号)
网　　址	http://cbs.swufe.edu.cn
电子邮件	bookcj@swufe.edu.cn
邮政编码	610074
电　　话	028-87353785
照　　排	四川胜翔数码印务设计有限公司
印　　刷	郫县犀浦印刷厂
成品尺寸	185 mm×260 mm
印　　张	11.125
字　　数	261 千字
版　　次	2024 年 11 月第 1 版
印　　次	2024 年 11 月第 1 次印刷
印　　数	1— 2000 册
书　　号	ISBN 978-7-5504-6473-5
定　　价	29.80 元

　　会计原理作为会计学的入门课程，主要讲授会计学的基本理论、基本方法和基本核算操作。本书参考了同类教材的优点，对理论的阐述尽量深入浅出，对基本核算方法的解释尽量简明扼要，对经济业务核算的举例尽量便于理解，从而有助于经济类、管理类相关学科的本科学生学习会计学的基础知识。

　　当前，新的科技革命和产业革命还在进行，大数据、互联网、云计算等新型技术和模型正在改变人们的生产、生活、学习和思维方式，因此大学生需要具备应对诸多复杂挑战的能力。从大学生就业角度考虑，新技术的运用对基层会计工作者产生的冲击已逐步显现。会计行业历来重视现行法律法规，会计工作者对会计学基础理论和核算方法的掌握也是必须的。但大学生的会计学习教育不应局限于此，而是应该更加重视培养学生发现问题、分析问题、解决问题的能力，使人才的培养目标从"核算技术型"转向"信息管理型"。本书更注重引导学生积极思考，将会计准则、会计法规的解释融入对会计基本理论的阐述和解决问题的探索之中。值得注意的是，大数据、人工智能等现代信息技术的发展和应用，给会计学的理论构建与实践运用带来了较大的影响和冲击，大数据技术在会计学中的应用对会计信息的呈现、获取、使用方式和质量产生了一系列影响，利用新技术进行财务资料的采集、存储、处理、计算等，使得会计人员从传统的记账、算账、报账等会计核算的日常工作逐渐转向更高层次的分析、管理、决策等工作。

　　在编写本书的过程中，我们非常重视从"信息"的角度加强本课程与其他课程之间的内在关联，希望能够更好地帮助学生理解相关专业知识的系统性和整体性，尽力避免知识点之间被相互分割。在本书每章的最后，我们给出了相应的学习内容小结和典型练习题，以帮助学生巩固学习效果。在本书附录中，我们挑选了几篇有助于大学生理解会计学及其运用与发展的学术论文，其可作为学生课外阅读或拓展讨论题材。

　　本书由西华大学赖周静担任主编，广州理工学院喻平、西华大学金乐茹、重庆轻工职业学院谭治云担任副主编。具体分工如下：赖周静设计全书内容框架并统稿，编写第一章、第二章、第四章、第七章、第八章；喻平编写第三章、第五章、第六章、第九章；金乐茹编写第十章；谭治云对全书进行校对。我们诚恳地希望大家多提改进建议，以便我们在今后的教学实践和教材修订过程中不断完善。

赖周静

2024 年 7 月

目录

总论

学习目标

 1. 掌握：会计的基本概念、会计基本假设、会计信息质量要求；企业组织的资金运动基本规律。

 2. 理解：会计信息的主要使用者，不同信息使用者的信息需求，会计信息对相关行业的影响。

 3. 了解：会计的发展历程，会计与经济环境的关系；会计的法律法规体系；会计相关的职业及发展机会。

第一节　会计概述

一、会计的含义

  在我国古代《周礼》一书中，已有官方会计活动及相应官职的记载。会计的产生和发展由经济环境决定。在生产力极其低下的阶段，人类社会物资匮乏，并未产生对经济活动的过程和结果进行核算的需求。随着生产力的逐步发展，财产物资逐步丰富，对生产过程和结果进行的"簿记"就应运而生。马克思在《资本论》中提到，过程越是按社会的规模进行，越是容易失去纯粹个人的性质，作为对过程的控制和观念总结的"簿记"就越有必要。随着人类社会生产力的不断发展进步，私人部门和公共部门都需要对生产资料、消费品以及其他各类财富进行科学有效的系统核算。从单式簿记到复式簿记，从序时簿记到分类簿记，从手工记录到智能记录，会计的具体核算过程一直在发展，由此也带来了人们对会计的普遍认知：经济越发展，会计越重要。

现代会计的发展与经济发展密不可分。十四五世纪，在产生资本主义萌芽的意大利，商业和金融业的兴起带来了经济的空前繁荣，银行主要往来业务的每一笔经济记录都必然会涉及资金融通的双方，由此形成了复式簿记的开端。1494 年，意大利数学家卢卡·帕乔利（Luca Pacioli）出版了《算术、几何、比及比例概要》一书，其中的"簿记论"部分系统论述了复试簿记理论的方法。该书的出版标志着近代会计的开端，也被认为是现代西方会计发展史的第一个里程碑。

工业革命对英国等资本主义国家的经济发展产生了极大的推动作用，由此引发了生产组织和经营方式的重大变革。十八九世纪，大量企业出现，机器生产推动了生产效率的极大提升，英国在这一阶段的经济发展特别突出。在对生产经营过程和结果进行记录的过程中，会计从业人员运用自己对复式簿记规律的理解和认识，在解决实际问题时改良了复式簿记。1853 年，英国爱丁堡会计师协会成立，由此会计开始成为一种社会性的专门职业，会计信息的规范性也得到了改进，会计开始成为通用的商业语言。

进入 20 世纪，随着股份公司的不断发展壮大，企业经营权和所有权的分离，使得会计的服务对象从企业内部扩展到外部。尤其是对于上市公司，必须依法向外部股东提供公开的会计报告，且需要经过专业人员的审计。由此，会计逐渐产生了分化，专门提供对外报告的是财务会计，专门服务于企业内部的是管理会计。从财务会计中逐渐分离出管理会计并日趋完善，标志着会计进入了现代阶段。随着经济的不断发展，会计学科所包含的内容不仅包括财务会计和管理会计，还包括审计、税务会计、成本会计、会计制度设计、财务报表分析、预算会计以及其他特殊行业会计等。

由此可以看出，会计产生于记录、核算、报告生产和经济活动的客观需求，随着计算机的深入发展，人工智能的不断进步，会计也在不断探索新的发展。

综上所述，现代会计的含义可以概括为：会计是经济管理活动的重要组成部分，是以货币为主要计量尺度，对经济活动进行连续、系统、综合的核算和监督，提供以财务信息为主的经济信息，为外部有关各方的投资、信贷决策服务，为内部强化管理和提高经济效益服务的一个经济信息系统。

二、对会计的理解

（一）会计的职能

会计的职能是指会计活动在经济管理中所具备的功能，现代会计的职能包括核算和监督。其中，核算是指会计能以货币为计量单位综合反映企业或单位的经济活动并提供会计信息；监督是指会计能对本单位所发生的经济业务是否合法和合理进行审查。核算和监督两大职能相辅相成，核算是监督的基础，监督是核算的保证。

（二）会计的目标

会计的目标是指会计工作要达到的最终目标。我国《企业会计准则——基本准则》中所确定的会计目标是"财务会计报告的目标是向财务会计报告使用者提供与企业财务状况、经营成果和现金流量等有关的会计信息，反映企业管理层受托责任履行情况，有助于财务会计报告使用者作出经济决策"。其中，"反映企业管理层受托责任履行情况"

是受托责任观的体现，"有助于财务会计报告使用者作出经济决策"是决策有用观的体现。

会计的目标是基于信息使用者的需求来确定的。提供会计信息需要明确不同信息使用者的需求是什么。

1. 投资者

投资者最关心的是投资项目的回报和风险。他们要求会计信息能够反映企业获取利润的能力、资本结构、利润分配等方面的信息。通过这些信息，投资者可以分析投资价值、投资回报、投资风险等，从而作出最佳的投资决策。

2. 债权人

债权人最关心的是借出的资金能否按期足额收回。他们要求会计信息能够反映企业的偿付能力，短期主要看流动资产与流动负债的关系，长期主要看企业的获利能力。利用这些信息，债权人能够评估授信或放贷的安全性和获利能力，进而帮助其防范化解信用风险，作出其他相关的债权投资决策。

3. 政府机构

政府机构最关心的是社会层面的资源配置问题。他们要求会计信息能够反映企业的产出能力、运营能力、发展能力以及对社会的贡献能力，进而判断税收政策、招商引资政策、财政政策以及社会就业等情况，还会根据微观企业的信息汇总判断行业风险和市场发展是否需要配合经济手段干预市场秩序，引导全社会资源配置等宏观决策。

4. 供应商与客户

供应商与客户最关心的是企业持续生存能力。他们要求会计信息能够反映企业的经营能力、支付能力、获利能力等。利用这些信息，可以帮助分析评价企业的经营风险，进而调整销售方式、结算方式、商业折扣等决策。

5. 企业员工

企业员工最关心的是自己的劳动报酬和综合福利。他们要求会计信息能够反映企业的经营状况是否稳定，企业能否提供长久、稳定的就业机会等。利用这些信息，企业员工可以判断自己的择业选择、收入变化趋势、职业生涯规划等。

6. 社会公众

社会公众出于科学研究的需要或者潜在的投资计划、就业选择、合作计划等，也会对企业会计信息有需求，以帮助他们了解企业，作出各种决策。

7. 企业内部管理当局

企业的经营、筹资、投资等各项经济活动的决策都与会计信息有关。利用会计信息，企业内部管理当局可以制定出合理的投融资、资本结构、运营效率提升甚至多元经营战略调整等重要决策。

（三）会计的内容

会计的内容就是会计核算和监督的具体内容。会计核算以货币为主要计量单位，对生产经营或者预算执行过程进行连续、系统、全面、综合的记录和计算，定期编制并提供财务会计报告等会计活动的全过程。

会计活动需要以一个组织为依托，在组织进行生产经营活动的过程中，凡是涉及

"价值"变化的活动都是会计核算和监督的内容，这里的"价值"是用货币来表现的。企业或行政单位的具体活动表现各有不同，会计需要关注的核心是"价值的运动"，即价值的形成、实现及分配。

社会再生产由各类企业、行政事业单位的生产经营和财务收支活动协同进行。不同的组织在国民经济中所处的地位和所起的作用有所不同，经济活动内容和经济目标也有所不同，因而价值运动的具体内容和表现形式也有所不同。

以企业为例，作为国民经济的主要基层组成部分，它是营利性的经济单位。企业的常规活动是进行产品的生产和销售，为了进行正常的商业活动，必须从筹集资金成立企业开始。企业用筹集到的资金建造或购置各类财产物资，如厂房、生产设备、工具等劳动资料，原材料、燃料、成品、半成品等劳动对象，通过员工的具体生产活动形成产品，再通过销售活动将产品出售，收回货币资金并取得盈利，周而复始。所以，我们又可以认为，会计的主要内容具体表现为企业筹集资金，建造或购置形成资产，生产经营活动产生相应的收入和费用，形成最终的经营损益等所有过程中资金的运动。

如图 1-1 所示，制造企业的资金运动过程总体上可以分为资金投入、资金使用、资金退出三个基本阶段。其中，资金使用过程具体表现为采购环节、生产环节、销售环节并不断循环周转。在资金投入阶段，企业通过股权和债权两种方式筹集资金；在资金循环周转阶段，企业会将筹集到的资金进行正常的采购原材料、采购机器设备、产品生产以及产品销售，销售换回的货币资金大部分将继续循环周转，还有一部分将以税收、利息、股利等形式退出企业。

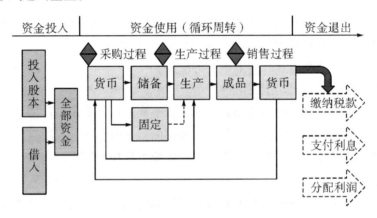

图 1-1 制造企业资金运动过程

流通企业与制造企业相比，跳过了生产过程这一环节。行政事业单位的资金运动过程与营利性企业不同，资金运动过程主要体现为"收"和"支"。

第二节 会计基本假设

会计核算的基本前提又称为会计假设或会计假定，是对会计领域中存在的某些无法论证或尚未确定的事物，根据客观、正常情况或趋势作出的合乎情理的逻辑性判断。会计基本假设是经过历史检验的人类智慧的结晶，但目前人们认识事物的能力还不足以对客观存在的基本前提进行论证，因此只能称为"假设"。在会计核算过程中，会计基本假设是对业务进行处理并形成会计信息的前提，离开这些基本假设，会计信息就不能有序产生，也无法进行分析和运用。因此，会计基本假设是会计核算工作的前提和出发点，也是处理会计信息、编制财务会计报表的依据。公认的会计基本假设通常包括会计主体、持续经营、会计分期、货币计量。

一、会计主体

会计主体又称为会计实体、会计个体，是指会计核算和监督的特定单位。会计主体的范围具有较大的弹性，凡是有经济业务、实行独立核算、独立编制会计报表的主体都可以看作一个会计主体。企业、单位甚至个人，独自经营或者合资经营主体，就可以视为一个会计主体。会计主体确定了会计人员核算和监督的范围，一方面能够在实务中严格区分不同主体的经济活动，另一方面能够区分该主体所有者与员工个人的经济活动。会计主体假设界定了从事会计工作和提供会计信息的空间范围，同时说明某个会计主体的会计信息仅与该会计主体的整体活动和成果相关。一个法律主体通常也是一个会计主体，但有的会计主体不是法律主体。

二、持续经营

持续经营是指在可以预见的未来，作为会计主体的企业或单位将按照既定的发展目标持续它的经营活动，不会被破产清算。例如，王先生购入了一个商铺作为自己水果店的经营场所，在正常的市场条件下，商铺的价格会发生波动，会计在确定商铺的价值时，基于持续经营假设，商铺的市场价格波动对水果店的实际经营并没有影响，因此可以直接按照历史成本原则进行核算。如果王先生打算不再继续经营水果店，那么会计在确定商铺价值时，计价基础就不应该是历史成本而应该是市场价格。因此，持续经营假设为会计核算的稳定性提供了前提，大多数企业处于正常经营阶段而不是破产清算阶段。

三、会计分期

会计分期是指企业将持续不断的经营活动划分为若干个相等的区间，在连续反映的基础上，分期进行会计核算，编制会计报表，定期反映企业某一期间的经营活动和成果。上市公司定期发布财务报告就是基于会计分期这个前提。会计分期解决了如何及时向会计信息使用者报告企业经营成果的问题。按照会计分期的要求，企业持续不断的经营被人为划分为一个个工整的时间段，如年、半年、季度、月。根据我国《企业会计准则——基本准则》的规定，会计期间分为年度和中期，起讫日期采用公历，如公历 1 月 1 日至 12 月 31 日就是一个会计年度。

会计分期对于确定会计核算程序和方法也具有重要的意义。对于"本期"和"非本期"的区别，产生了权责发生制和收付实现制两种不同的会计核算基础。权责发生制又称为应收应付制，是指按照权利的实现和责任的发生来确认收入与费用；与之相对应的收付实现制，是指按照实际收到或付出款项的日期来确认收入和费用。例如，企业 3 月发生的销售业务，款项 5 月收到，按照权责发生制，收入确认在 3 月，而按照收付实现制，收入确认则是在 5 月。按照我国《企业会计准则——基本准则》的规定，企业应当以权责发生制为基础进行会计确认、计量和报告。收付实现制一般适用于行政事业单位的非营利业务。

四、货币计量

货币计量是指在会计核算中，对所有会计核算的对象采用同一种货币作为统一的计量尺度予以计量，把企业的经济活动和财务状况的数据转化为统一货币单位反映的会计信息。我国《企业会计准则——基本准则》规定，会计核算以人民币作为记账本位币，业务收支以人民币以外的货币为主的企业也可以选择其中一种货币作为计账本位币，但编制的财务报告应当折算为人民币。在境外设立的中国企业向国内报送的财务会计报告，应当折算为人民币计量。

上述会计核算的四个假设前提具有相互依存、相互补充的关系。会计主体确定了会计核算的空间范围，持续经营和会计分期确定了会计核算的长度及区间，货币计量则确定了会计核算的必要手段。会计主体是持续经营的基础，持续经营是会计分期的基础，货币计量又是会计信息作为商业通用语言的基础。

第三节 会计信息质量要求

会计信息质量要求是对企业财务会计报告中提供的会计信息质量的基本要求，是满足财务会计报告对会计信息使用者决策有用应具备的基本特征，包括可靠性、相关性、可理解性、可比性、实质重于形式、重要性、谨慎性、及时性等。

一、可靠性

可靠性是指企业应当以实际发生的交易或者事项为依据进行会计确认、计量和报告，如实反映符合确认和计量要求的各项会计要素及其他相关信息，保证会计信息真实可靠、内容完整。在可靠性原则下，会计信息是中立的、无偏的，企业不得虚构、歪曲、隐瞒经济业务事项。例如，未来将要购入的存货，在没有发生真实采购业务之前不能进行会计核算，否则就违背了可靠性原则；又如，购入存货的价值是 100 万元，而记账金额为 200 万元，也违背了可靠性原则。

二、相关性

相关性是指企业提供的会计信息应当与企业财务会计报告使用者的经济决策需要相关，有助于财务会计报告使用者对企业过去、现在或者未来的情况作出评价或者预测。由于不同的会计使用者使用会计信息的目的不同，从而他们各自所进行的经济决策也有所不同。如果会计核算的信息不符合会计报表使用者的要求，即使是客观真实地反映了企业经营情况的会计信息，也毫无价值。

三、可理解性

可理解性是指会计核算和编制的企业财务会计报告应当清晰明了，便于理解和利用。提供会计信息的目的在于对会计信息使用者有用。要满足这个要求，首先是会计信息使用者必须了解会计信息的内涵，搞清楚会计信息的内容。这就要求会计核算和编制的企业财务会计报告的形式应当清晰明了，使会计记录准确、清晰，填制会计凭证、登记账簿除保证合理合法外，还应让账户对应关系清楚、文字摘要完整；其次，编制的会计报表应当保证项目完整、数字准确、项目勾稽关系清楚，表格呈现内容清晰，对于不便于理解、容易产生误解、必要的方法变更等，应当特别注释并加以说明。

四、可比性

可比性是指会计核算应当按照规定的方法进行处理，会计指标口径一致、相互可以比较。可比性有两层含义：一是纵向可比，即同一会计主体不同时期可比，要求会计主体在不同时期发生的相同或相似的交易或事项，应当采用一致的会计政策，不得随意变更；二是横向可比，即不同的会计主体可比，要求相同的交易或事项，应当采用相同的会计处理方法，确保不同会计主体之间的会计信息生成方法一致，为有关决策提供可比的信息。

五、实质重于形式

实质重于形式是指交易或事项的经济实质重于其法律表现形式。会计主体应当按照交易或者事项的经济实质进行会计核算，而不能仅仅以其法律形式作为会计核算的依据。实务中，大多数业务的法律形式与经济实质是一致的，但有时也会出现法律形式与经济实质不一致的情况，这时要求会计核算的处理要以经济实质为依据。例如，企业以融资租赁方式租入的资产，在租赁期间，其法律形式上并不拥有所有权，但从经济实质上看，企业能够控制其创造的未来经济利益，这更接近于"分期付款购买"，因此按照经济实质在会计核算上应当将融资租入的资产视为企业自己的资产。

六、重要性

重要性是指在进行会计核算时，应当区别交易或事项的重要程度采用不同的核算方式。对资产、负债、所有者权益等有较大影响的，必须按照规定的会计方法和程序进行处理并予以充分披露；对于次要的会计事项，在不影响会计信息的真实性和不至于误导财务会计报告者使用的前提下，可做适当的简化处理，以提高会计工作的效率。重要性的判断是相对的，同样的损失金额，对于一家小规模企业和一家大规模企业的影响是不一样的。在评价会计事项的重要性时，要依据会计人员的职业判断，从数量、金额等方面考察。

七、谨慎性

谨慎性又称为稳健性，是指在进行会计核算时，为避免外部市场不确定性因素给企业带来的经营风险所采取的谨慎态度。当一项交易或事项有多种会计处理方法可供选择时，应在不影响真实性的前提下，尽可能选用避免高估资产和收益、低估负债和损失的会计处理方法。但是，谨慎性不允许企业设置秘密准备、过分提取准备金，如果企业故意压低资产或收益、故意抬高负债或费用，将会违背会计信息质量要求的可靠性和相关性原则，这是会计准则不允许的。

八、及时性

及时性是指会计核算应当及时进行，不得提前或延后。会计信息最大的价值是帮助会计信息使用者进行决策，不满足及时性的会计信息，即使其他属性都满足，对于决策者而言，也无助于经济决策。及时性也并不是将会计核算和会计报告限制在明确的、固定的时间内，而是抽象意义上的既不提前也不延后。

第四节　会计法律法规体系

会计具有很强的规范性，我国的会计法律法规体系主要由会计法、会计准则和会计制度三个层次构成。

一、会计法

会计法由全国人民代表大会常务委员会制定和通过，是会计法规制度中层次最高的法律规范，是制定其他会计法规的依据，是指导会计工作的最高准则。《中华人民共和国会计法》（以下简称《会计法》）最早于 1985 年 1 月颁布，几经修订、修正，现行的《会计法》于 2017 年 11 月修正颁布。会计法的立法宗旨是规范会计行为，保证会计资料的真实完整。《会计法》的主要内容包括：总则，会计核算，公司、企业会计核算的特别规定，会计监督，会计机构和会计人员，法律责任，附则。

二、会计准则

会计准则和会计制度是在会计法的规则框架下，由财政部制定和颁布，用于规范企业的会计核算和会计报告。

现行会计准则于 2006 年颁布，2007 年开始施行。最初的会计准则体系包括 1 项基本准则、38 项具体准则和应用指南。之后，会计准则经过多次新增与修订，涵盖了 1

项基本准则和42项具体准则。企业会计准则体系适用于上市公司，并鼓励人中型企业使用。我国企业会计准则体系一览表见表1-1。

表 1-1　我国企业会计准则体系

序号	名称
企业会计准则	基本准则
企业会计准则第 1 号	存货
企业会计准则第 2 号	长期股权投资
企业会计准则第 3 号	投资性房地产
企业会计准则第 4 号	固定资产
企业会计准则第 5 号	生物资产
企业会计准则第 6 号	无形资产
企业会计准则第 7 号	非货币性资产交换
企业会计准则第 8 号	资产减值
企业会计准则第 9 号	职工薪酬
企业会计准则第 10 号	企业年金基金
企业会计准则第 11 号	股份支付
企业会计准则第 12 号	债务重组
企业会计准则第 13 号	或有事项
企业会计准则第 14 号	收入
企业会计准则第 15 号	建造合同
企业会计准则第 16 号	政府补助
企业会计准则第 17 号	借款费用
企业会计准则第 18 号	所得税
企业会计准则第 19 号	外币折算
企业会计准则第 20 号	企业合并
企业会计准则第 21 号	租赁
企业会计准则第 22 号	金融工具确认和计量
企业会计准则第 23 号	金融资产转移
企业会计准则第 24 号	套期会计
企业会计准则第 25 号	保险合同
企业会计准则第 26 号	再保险合同
企业会计准则第 27 号	石油天然气开采
企业会计准则第 28 号	会计政策、会计估计变更和差错更正
企业会计准则第 29 号	资产负债表日后事项
企业会计准则第 30 号	财务报表列报

表1-1（续）

序号	名称
企业会计准则第 31 号	现金流量表
企业会计准则第 32 号	中期财务报告
企业会计准则第 33 号	合并财务报表
企业会计准则第 34 号	每股收益
企业会计准则第 35 号	分部报告
企业会计准则第 36 号	关联方披露
企业会计准则第 37 号	金融工具列报
企业会计准则第 38 号	首次执行企业会计准则
企业会计准则第 39 号	公允价值计量
企业会计准则第 40 号	合营安排
企业会计准则第 41 号	在其他主体中权益的披露
企业会计准则第 42 号	持有待售的非流动资产、处置组和终止经营

资料来源：根据中国会计准则委员会官方网站的资料整理获得。

会计准则并非一成不变的，会根据经济发展作出适当的更新调整。会计准则体系也有配套的实施细则、解释等，有助于从业人员作出规范的会计核算。

三、会计制度

在会计准则体系建立之前，我国一直以会计制度体系作为会计工作的具体规范。会计制度是对经济业务进行分类、记录、汇总，并进行分析和报告的制度，是进行会计工作应遵循的规则、方法、程序的总称。根据《会计法》的规定，国家统一的会计制度，由财政部制定；各省（自治区、直辖市）以及国务院业务主管部门，在与《会计法》和国家统一的会计制度不相抵触的前提下，可以制定本地区、本部门的会计制度或者补充规定。我国的会计制度体系包括企业会计制度、金融企业会计制度、小企业会计制度。

除上述法律法规外，与会计、审计相关的法律还有《中华人民共和国注册会计师法》《总会计师条例》《会计基础工作规范》等。

我国会计制度到会计准则的演变，代表了我国会计规范逐渐融入国际经济规范体系的趋势和进程。我国企业会计准则与其他会计准则（如国际会计准则、美国通用会计准则等）正在逐渐走向趋同等效。

第五节 会计循环

会计循环是指在企业连续会计期间内进行周而复始的编制记账凭证、登记账簿、账项调整、试算平衡、结账、编制会计报表等工作。

在实务中，在各项经济业务发生过程或结束时，会计人员会取得或填制原始凭证，这些书面文件能够证明经济业务的完成情况。每一项经济业务都只有取得对应的原始凭证才能保证会计信息的可靠性。根据原始凭证，会计人员将编制记账凭证，直接据以登记账簿。会计人员通常会对原始凭证记载的经济业务进行认真分析核查，根据其内容和性质，确定应当使用的账户、金额、记账方向等。填制记账凭证以后，会计人员将会以此为据，登记现金日记账、银行存款日记账、总账、明细账等各项具体的账簿，进行连续、系统的登记。日常登记账簿以后，在每一个会计期末，企业都需要按照权责发生制原则，对收入、费用等进行账项调账，确保"本期"和"非本期"业务的准确划分，并记入相关账户。进一步地，为了保证账户记录的正确性、完整性，会计人员会在每一会计期末进行试算平衡，通过试算平衡之后，将损益类账户信息结转到"本年利润"账户，同时结出资产、负债、所有者权益等账户的期末余额，转入下一期作为期初余额。根据账簿提供的信息资料，编制资产负债表、利润表、现金流量表、所有者权益变动表等会计报表，反映企业的财务状况、经营成果、现金流量等情况，为会计信息使用者服务。新的科学技术发展大大提升了会计循环的效率，具体的实务工作也从人工逐渐向智能系统过渡。

 ## 主要概念

会计　会计核算　会计监督　会计信息使用者　会计假设　会计主体
持续经营　会计分期　货币计量　权责发生制　收付实现制　信息质量要求
会计循环　会计法　会计准则　会计制度

 ## 复习思考题

1. 如何理解会计？

2. 如何理解制造企业的资金循环？

3. 会计的职能是什么？具体包含哪些内容？

4. 会计信息使用者有哪些？他们分别关心什么？

5. 权责发生制和收付实现制分别是什么？

6. 简述会计核算方法。

7. 简述会计循环的概念、步骤及内容。

 ## 巩固练习

一、单项选择题

1. 会计对象的一般内容可以概括为（　　）。

　　A. 生产领域的资金运动　　　　　B. 预算资金的收支过程

C. 商品流通领域的资金运动 D. 再生产过程中的资金运动

2. 会计核算主要是从（　　）上反映各单位的经济活动状况。

    A. 时间   B. 价值量

    C. 实物量   D. 劳动量

3. 会计信息的外部使用者不包括（　　）。

    A. 税务部门   B. 贷款银行

    C. 企业员工   D. 本企业的董事长

4. 会计的计量尺度主要是（　　）。

    A. 劳动量   B. 实物

    C. 货币   D. 时间

5. 确定会计工作空间范围的前提条件是（　　）。

    A. 会计主体   B. 持续经营

    C. 会计分期   D. 货币计量

6. 我国企业以（　　）为一个会计年度。

    A. 生产周期

    B. 企业开始设立的那一天到次年的同一天

    C. 公历年度

    D. 企业开始设立的那一天到终止的那一天

7. 在会计核算上对应收账款计提坏账准备，是基于（　　）。

    A. 实质重于形式要求   B. 谨慎性要求

    C. 可比性要求   D. 可靠性要求

8. 企业以融资租赁方式租入的资产被视为企业自有资产管理，是基于（　　）原则。

    A. 可靠性   B. 实质重于形式

    C. 及时性   D. 可理解性

二、多项选择题

1. 会计的两大基本职能是（　　）。

    A. 核算职能   B. 管理职能

    C. 预测职能   D. 监督职能

2. 会计核算的基本前提是（　　）。

    A. 会计主体   B. 持续经营

    C. 会计分期   D. 货币计量

3. 下列项目中，可以作为一个会计主体进行会计核算的有（　　）。

    A. 企业生产车间   B. 销售部门

    C. 分公司   D. 企业集团

4. 我国的企业会计期间可以划分为（　　）。

    A. 会计年度   B. 会计季度

C. 会计月份   D. 会计半年度

三、判断题

1. 会计核算主要以货币作为计量单位。   ( )

2. 会计的基本职能是记录、核算、分析和检查。   ( )

3. 会计主体是指经营性企业，不包括行政机关和事业单位。   ( )

4. 会计期间的划分既是正确计算收入、费用和损益的前提，又是一贯性原则产生的基础。   ( )

5. 可比性要求企业一旦采用某种方法和程序，就不能改动。   ( )

会计要素与会计等式

学习目标

1. 掌握：会计要素的含义、内容构成、特征和会计等式及其转化形式，熟知会计所要核算和监督的基本内容，会计等式的基本原理。

2. 理解：《企业会计准则》表述的是会计六要素的基本内容，经济业务的类型。

3. 了解：会计六要素对会计账户设置、会计核算的作用，为深入学习会计的核算方法奠定理论基础。

第一节　会计要素

　　会计要素是指对会计对象的内容按照其经济特征的不同所做的基本分类。我国《企业会计准则》规定，企业会计内容划分为六项会计要素，即资产、负债、所有者权益、收入、费用、利润。

　　会计要素的意义和作用主要体现在以下两个方面：一方面，会计要素是对会计内容的基本分类，是会计分类系统核算的基础。划分了会计要素以后，就可以按照不同的类别提供会计数据和会计信息，这对经济决策和企业管理具有可行性。按照这些分类，进行会计确认和计量的时候才有明确的具体的对象。另一方面，会计要素为会计报表构建了基本框架。由不同类别的会计要素组成的会计报表，反映了企业各项会计要素的基本数据和等式关系，这些信息对会计信息使用者的决策具有重要意义。

一、资产

资产是指企业过去的交易或者事项形成的、由企业拥有或者控制的、预期会给企业带来经济利益的资源。资产按流动性不同，可以划分为流动资产和非流动资产。

（一）流动资产

流动资产是指现金以及其他能在一年或超过一年的一个营业周期内变现或被耗用的资产。大部分行业的营业周期比一年更短，因此以一个会计年度作为判断流动性的标准。某些特殊行业的营业周期会超过一年，如造船、造飞机等，他们的资产流动性就可以按照营业周期来划分。

流动资产通常包括现金、银行存款、其他货币资金、交易性金融资产、应收账款、应收票据、存货、其他应收款等。

（1）现金是流动性最强的资产，可以充当交换媒介，自由流通，自由运用，可以随时用来购买所需的财产物资、偿还债务、支付各种费用，可以随时存入银行。

（2）银行存款是指企业存放在银行或其他金融机构，可以自由提取、使用的各种性质的存款。

（3）其他货币资金是指企业除现金和银行存款以外的其他各种货币资金，常见的包括外埠存款、银行汇票存款、银行本票存款、信用卡存款、信用证保证金存款、互联网渠道账户资金以及存出投资款等。

（4）交易性金融资产是指企业以交易为目的而持有待售的金融资产，如企业为了赚取短期收益、补充流动资金形式而从证券市场上购入的股票、债券、基金等。

（5）应收账款是指企业因销售或提供劳务而发生的对顾客的货币收款权。

（6）应收票据是指企业因销售商品或提供劳务等经营活动而产生的收款权，对方出具或提供了在某一特定日期或某一特定期间无条件支付一定金额给收款人或持票人的书面证明，如商业汇票。

（7）存货是指企业拥有的、可供正常营业出售、备作生产耗用以及待制造完成后再出售的各种货物。行业不同，存货的内容也不同。制造企业的存货一般有原材料、半成品、产成品；商业企业的存货一般有商品、包装材料等；服务行业的存货一般有物料用品、办公用品等。

（8）其他应收款是指销售商品、提供劳务等以外的原因所形成的各种赔款、罚款、押金等项目的应收及暂付款项。

（二）非流动资产

非流动资产是指除流动资产以外的资产，主要包括长期股权投资、固定资产、无形资产等。

（1）长期股权投资是指企业持有的对其子公司、合营公司、联营公司的权益性投资以及企业持有的对被投资单位不具有控制权、共同控制或重大影响，并且在活跃市场上没有报价、公允价值不能可靠计量的权益性投资。

（2）固定资产是指企业生产经营过程中持有的不以出售为目的，且使用年限超过一年，并在使用过程中能够保持原有实物形态的资产，包括房屋及建筑物、机器设备、运输设备、工具器具等。

（3）无形资产是指企业生产经营过程使用的，不具有实物形态的资产，如专利权、非专利技术、商标权、土地使用权等。

二、负债

负债是指企业过去的交易或者事项形成的，预期会导致经济利益流出企业的现时义务。负债通常是通过借款取得扩大规模所需的资金，或者以赊购方式购买物资，以及会计核算出各类应付而暂时未付的项目。

（一）流动负债

流动负债是指偿还期在一年或超过一年的一个营业周期以内，预期需动用流动资产或以新的流动负债偿还的债务。流动负债通常包括短期借款、应付账款、应付票据、应付职工薪酬、应交税费、应付股利等。

（1）短期借款是指企业为维持正常生产经营周转而向银行或其他金融机构借入的偿还期在一年以内的各项借款。

（2）应付账款是指企业因赊购货物或接受劳务而发生的债务，代表了供应商的权益。

（3）应付票据是指企业因赊购货物或接受劳务而发生的、应于约定日期支付一定金额给持票人的书面证明。与应付账款相比，应付票据具有书面证明形式，而且通常会按期核算利息，也可按照《中华人民共和国票据法》的规定进行贴现、背书转让等。

（4）应付职工薪酬是指企业为获得职工提供的服务或解除劳动关系而应支付的各种形式的报酬或补偿。在员工已经付出劳动但尚未得到应得的薪水时，企业欠员工的薪酬就构成了这项流动负债。

（5）应交税费是指企业在生产经营过程中按照税法规定计算出的应当向国家缴纳的暂时未交的各项税金，代表企业欠政府部门的税款。

（6）应付股利是指企业按照分红政策计算出的应当支付给投资者的暂时未付的利润，通常包括应付国家、其他单位以及个人的投资利润。

（二）非流动负债

非流动负债是指除流动负债以外的其他负债，通常包括长期借款、应付债券等。

（1）长期借款是指企业向银行或其他金融机构借入的、偿还期在一年以上的各种借款。

（2）应付债券是指企业为筹集长期资金而发行的、约定在某一特定日期赎回，还本付息的书面证明。

三、所有者权益

所有者权益是指企业资产扣除负债后由所有者享有的剩余权益。公司的所有者权益又称为股东权益，包括实收资本（股本）、资本公积、盈余公积、未分配利润等。

（1）实收资本（股本）是指投资者按照企业章程或合同、协议的约定，实际支付给企业的资本。

（2）资本公积是指投资者投入或从其他来源取得而归投资人享有，属于公积金性质的资本金，如股本溢价、直接计入所有者权益的利得和损失等。

（3）盈余公积是指企业从税后利润中提取的公积金，包括法定盈余公积和任意盈余公积。

（4）未分配利润是指企业的税后利润按照规定进行分配以后的剩余部分，这部分未分配利润留存在企业，可在以后年度中进行分配。

四、收入

收入是指在日常活动中形成的、会导致所有者权益增加的、与所有者投入资本无关的经济利益的总流入。

按照收入来源的不同，日常活动中形成的收入一般包括产品销售收入、劳务收入、让渡资产使用权收入等。其中，产品销售收入广泛存在于制造企业和流通企业；劳务收入广泛存在于服务类型的企业；让渡资产使用权收入一般存在于持有长期资产的企业。

按照收入在企业的地位不同，日常活动形成的收入可以分为主营业务收入和其他业务收入。其中，主营业务收入在企业处于重要地位，是企业主要经营的产品销售、劳务、让渡资产使用权等业务形成的收入。其他业务收入在企业处于次要地位，收入额度一般不大。

企业在非日常活动中形成的、会导致所有者权益增加的、与所有者投入资本无关的经济利益的流入属于企业的利得，计入"营业外收入"。企业因对外投资活动取得的利润、股利、利息等计入"投资收益"。

五、费用

费用是指企业为销售商品、提供劳务等日常活动形成的，会导致所有者权益减少的、与向所有者分配利润无关的经济利益的总流出。费用与收入是相对应的概念，是企业为取得收入而付出的对应的代价，其本质是资产的消耗。

（一）成本

对象化的费用又称为成本，是指企业为生产产品、提供劳务而发生的各项耗费。产品成本可以分为直接费用和间接费用。直接费用是构成产品实体的费用，如直接材料、直接人工及其他直接计入产品成本的费用；间接费用是指为有助于产品的制造完成，各种产品共同发生的费用。间接费用通常会按照一定的标准分摊计入各类产品的成本。直接费用和间接费用共同构成产品制造过程的全部成本。

（二）期间费用

期间费用是指本期发生的，不能直接或间接计入产品成本，应当直接计入当期损益的各项费用，包括管理费用、销售费用和财务费用。

（1）管理费用是指企业行政管理部门为组织和管理生产经营活动而发生的各种费用。

（2）销售费用是指企业在销售商品、提供劳务等日常活动中发生的除营业成本以外的各项费用以及专设销售机构的经营费用。

（3）财务费用是指企业为筹集生产经营所需资金而发生的费用。

（三）其他

企业在非日常活动中发生的、会导致所有者权益减少的、与向所有者分配利润无关的经济利益的流出属于企业的损失，计入"营业外支出"。此外，企业还会发生税费负担、资产减值等损失，这些经济利益的流出也属于费用范畴。

六、利润

利润是指企业在一定会计期间的经营成果，即收入扣除费用后的差额。利润按照核算的收入和费用的范围不同，可以分为营业利润、利润总额和净利润。

（一）营业利润

营业利润是指营业收入减去营业成本、税金及附加、期间费用、资产减值损失，加上公允价值变动损益和投资收益后的金额。

（二）利润总额

利润总额是指营业利润加上营业外收入，减去营业外支出后的金额。

（三）净利润

净利润是指利润总额减去所得税费用后的余额。

资产、负债、所有者权益三项要素是构成企业资产负债表的基本要素，因此这三项要素又被称为资产负债表要素、静态会计要素。

收入、费用、利润三项要素是构成利润表的基本要素，因此又将这三项要素称为利润表要素、动态会计要素。

会计要素及其内容见表 2-1。

表 2-1　会计要素及其内容

会计要素		具体内容
资产	流动资产	库存现金
		银行存款
		交易性金融资产
		应收账款
		应收票据
		存货
		其他应收款
	非流动资产	长期股权投资
		固定资产
		无形资产

表2-1(续)

会计要素		具体内容
负债	流动负债	短期借款
		应付账款
		应付票据
		应付职工薪酬
		应交税费
		应付股利
		其他应付款
	非流动负债	长期借款
		应付债券
所有者权益		实收资本
		资本公积
		盈余公积
		分配利润
		未分配利润
收入		主营业务收入
		其他业务收入
		投资收益
		营业外收入
费用	成本	生产成本
		制造费用
	期间费用	管理费用
		销售费用
		财务费用
	其他	税金及附加
		所得税费用
利润		营业利润
		利润总额
		净利润

第二章 会计要素与会计等式

第二节　会计等式

一、会计等式

（一）静态会计要素等式

资产是企业生产经营获取利润的资源。企业的资产必有其来源，最初的资产都是由投资者投入的，全部资产代表投资者的权益，表示投资者对企业资产的求偿权。债权人对企业的资产同样具有求偿权，而且从法律性质上看债权人的求偿权优先于投资者。企业的资产不外乎两个来源，一是投资者，二是债权人。因此，投资者和债权人对企业的资产拥有权益，这个权益本质上就代表资产的来源。

一个企业的资产与权益实际上是同一事物的两个方面，二者相互依存。有一定数额的资源，必然有对应额度的权益；有一定额度的权益，必然对应一定额度的资产。在数量上，任何一个企业所拥有的资产和对应的权益额度必然相等。用数学等式表示如下：

$$资产＝权益$$
$$资产＝债权人权益＋投资者权益$$
即
$$资产＝负债＋所有者权益$$

该等式被称为会计基本等式或会计平衡等式。它反映了某一具体时点上企业财务状况的静态平衡关系，因此也可称为静态会计等式。这一等式是会计上设置账户、复式记账以及编制报表的依据。

对会计基本等式关系的理解，必须明确：

（1）资产和权益的对应关系是总额对应，而不是逐项一一对应的。资产的各项表示不同的组成成分，权益的各项表示对整个资产求偿权的分布。资产和权益只是总额上的对应，而不存在具体项目的对应。

（2）这个等式习惯上将资产写在左边，将负债和所有者权益写在右边，不会随意颠倒。这与企业对外披露财务信息的格式规范性相关，如果随意颠倒顺序将会造成会计信息使用者的不便。因此，基于惯例，一定要注意按照"资产＝负债＋所有者权益"的顺序来表述会计基本等式。

（二）动态会计要素等式

企业在经营之初，没有收入和费用，会计要素表现为资产、负债和所有者权益，三者之间保持着平衡。随着企业步入正轨，获取利润是其主要经营目的。利润是企业组织生产经营活动取得的收入扣减费用后的额度。如果收入大于费用，则利润为正；如果收入小于费用，则利润为负（也称为亏损）。具体来说，利润的数学表达式如下：

$$收入－费用＝利润$$

这个公式表示的是动态会计要素之间的平衡关系。企业在某一会计期间内所取得的利润，是经营者利用投资者投入的资产和债权人提供的资金所得到的，费用中包括支付给债权人的利息，因此利润最终归属于所有者。企业盈利的本质是所有者权益的增加，企业亏损的本质则是所有者权益的减少。利润是企业持续经营过程中的重要信息。在企业对外披露的会计信息中，"利润表"就是依据"收入–费用＝利润"这个会计等式列报的。

（三）综合会计等式

当我们将静态会计要素等式和动态会计要素等式结合起来，会发现利润其实是所有者权益的一部分，这样我们就可以将期初、期末、期间内的所有会计要素放在一个等式中：

$$资产＝负债+所有者权益+利润$$

其中，资产和负债对应的时点是期末，所有者权益对应的时点是期初，利润对应的时间段是本期。期初的所有者权益与本期实现的利润相加，得到的是期末的所有者权益，因此，这个等式本质上还是"资产＝负债+所有者权益"。

我们也可以把利润的计算过程表现出来，得到的等式为

$$资产＝负债+所有者权益+收入–费用$$

或
$$资产+费用＝负债+所有者权益+收入$$

需要注意的是，这个会计等式中的各类会计要素对应小同的时间同样需要分清楚。其中，资产、负债是会计期末的时点指标，所有者权益是会计期初的时点指标，收入和费用是当期的时期指标。由于：

期初的所有者权益+本期实现的收入–本期发生的费用＝期末的所有者权益

因此，上述综合会计等式的本质依然是"资产＝负债+所有者权益"。

二、经济业务及其对会计等式的影响

（一）经济业务

经济业务又称为会计事项，是指企业在生产经营过程中发生的能以货币计量的、并引起会计要素发生增减变化的事项。经济业务可以分为外部业务和内部业务两大类。外部业务是企业对外经济往来所产生的经济业务，如向银行借入资金、向客户销售货物、向供应商购买原材料等。内部业务是企业内部发生的各项经济事项，如车间从仓库领用材料、向员工发放工资、完工产品从车间转移到仓库等。在企业生产经营过程中，每天都会发生大量的经济业务，任何一项经济业务的发生都必然会引起会计要素发生增减变化。

（二）经济业务对会计等式的影响

尽管经济业务多种多样，但对会计等式"资产＝权益"的影响不外乎以下四种：

（1）引起等式两边的要素同时增加。

（2）引起等式两边的要素同时减少。

（3）引起等式左边的要素一增一减。

（4）引起等式右边的要素一增一减。

将这四种变化列表，见表2-2。

表 2-2　会计等式的四种类型

经济业务	资产	权益
1	+	+
2	-	-
3	(+) (-)	
4		(+) (-)

由于上述四种类型业务的发生，"资产＝权益"这一等式关系平衡不会被破坏，因此称其为会计恒等式。

我们也可以将这种影响拓展到会计等式"资产＝负债+所有者权益"中，这将表现为以下九种变化：

（1）一项资产增加，另一项资产减少。

（2）一项负债增加，另一项负债减少。

（3）一项所有者权益增加，另一项所有者权益减少。

（4）一项资产增加，一项负债增加。

（5）一项资产减少，一项负债减少。

（6）一项资产增加，一项所有者权益增加。

（7）一项资产减少，一项所有者权益减少。

（8）一项负债增加，一项所有者权益减少。

（9）一项负债减少，一项所有者权益增加。

将这九种变化列表，见表 2-3。

表 2-3　经济业务的九种类型

经济业务	资产	负债	所有者权益
1	(+) (-)		
2		(+) (-)	
3			(+) (-)
4	+	+	
5	-	-	
6	+		+
7	-		-
8		+	-
9		-	+

主要概念

会计对象　会计要素　静态会计要素　动态会计要素　资产　负债
所有者权益　收入　费用　利润　成本　利得　损失　会计等式　经济业务

 复习思考题

1. 什么是会计要素？
2. 我国《企业会计准则》规定的会计要素有哪些？
3. 什么是资产？它包含哪些内容？
4. 什么是负债？它包含哪些内容？
5. 什么是所有者权益？它包含哪些内容？
6. 什么是收入？它包含哪些内容？
7. 什么是费用？它包含哪些内容？
8. 利润如何计算？
9. 什么是会计等式？它包含几种不同的表述？
10. 解释会计恒等式"资产＝负债＋所有者权益"。

 巩固练习

一、单项选择题

1. 流动资产是指其变现或耗用期在（　　　）。
    A. 一年以内
    B. 一个营业周期内
    C. 一年内或超过一年的一个营业周期内
    D. 超过一年的一个营业周期

2. 预收账款属于会计要素中的（　　　）。
    A. 资产　　　　　　　　　　　　B. 负债
    C. 费用　　　　　　　　　　　　D. 所有者权益

3. 下列项目中，属于流动资产的是（　　　）。
    A. 预收账款　　　　　　　　　　B. 应收账款
    C. 预提费用　　　　　　　　　　D. 短期借款

4. 企业向银行借款直接偿还应付购货款，属于哪一种类型变化业务？（　　　）
    A. 资产项目之间此增彼减　　　　B. 负债项目之间此增彼减
    C. 资产项目和负债项目同增　　　D. 资产项目和负债项目同减

5. 下列项目中引起资产和权益同时减少的经济业务是（　　　）。

    A. 购入材料，货款未付　　　　　　　　B. 以银行存款上缴税金

    C. 上级拨入机器一台　　　　　　　　　D. 国家投资 1 000 万元

6. 下列项目中引起资产和权益同时增加的经济业务是（　　　）。

    A. 购入材料，货款未付　　　　　　　　B. 以银行存款支付采购办公用品款

    C. 以银行存款偿还银行借款　　　　　　D. 购入机器一台

7. 下列项目中引起权益方有增有减的经济业务是（　　　）。

    A. 售出机器一台，款项收存银行　　　　B. 向银行取得短期借款转存银行

    C. 以银行短期借款直接偿还应付账款　　D. 以银行存款支付短期借款利息

8. 下列项目中引起资产方有增有减的经济业务是（　　　）。

    A. 收回欠款，存入银行　　　　　　　　B. 出售机器设备一台

    C. 向银行取得短期借款转存银行　　　　D. 销售商品款未收到

9. 企业按规定将资本公积金转增资本金，这笔经济业务反映的是（　　　）。

    A. 资产内部有关项目之间同时增加　　　B. 资产和权益有关项目之间同时增加

    C. 权益内部有关项目之间同时减少　　　D. 权益内部有关项目之间有增有减

10. 下列项目中能够计入产品成本的费用（或不属于期间费用）是（　　　）。

    A. 销售费用　　　　　　　　　　　　　B. 管理费用

    C. 制造费用　　　　　　　　　　　　　D. 财务费用

二、多项选择题

1. 引起资产方一个项目增加，另一个项目减少的经济业务有（　　　）。

    A. 暂付差旅费　　　　　　　　　　　　B. 预付财产保险费

    C. 结转完工产品成本　　　　　　　　　D. 结转已销产品成本

2. 下列资产和权益项目之间的变动，符合经济规律可能合理发生的有（　　　）。

    A. 资产某项目增加与权益某项目减少

    B. 某资产项目与某权益项目等额同增或同减

    C. 资产某项目减少与另一项目增加

    D. 权益方某项目减少与另一项目增加

3. 下列项目中，属于所有者权益的是（　　　）。

    A. 实收资本　　　　　　　　　　　　　B. 资本公积

    C. 盈余公积　　　　　　　　　　　　　D. 未分配利润

4. 企业以银行存款偿还债务，会引起（　　　）。

    A. 资产总额减少　　　　　　　　　　　B. 负债总额减少

    C. 负债总额增加　　　　　　　　　　　D. 所有者权益减少

5. 下列项目中，不影响会计等式的总金额变化的有（　　　）。

    A. 以银行存款支付应交税费　　　　　　B. 向银行借款存入银行存款户

    C. 将资本公积转增股本　　　　　　　　D. 以现金购买包装物

三、判断题

1. 资产是企业所拥有或者控制的、能以货币计量并具有实物形态的经济资源。

（　　）

2. 所有者权益是企业投资人对企业资产的所有权。（　　）

3. 收入、费用和利润三大会计要素又经常被称为资产负债表要素。（　　）

4. 不论发生什么样的经济业务，会计等式两边会计要素总额的平衡关系都不会被破坏。（　　）

5. 会计等式揭示了会计要素之间的联系，因而成为会计科目、复式记账、会计报表等会计核算方法建立的理论依据。（　　）

四、业务题

（一）根据以下资料，确认所列的各项目属于哪类会计要素（资产、负债、所有者权益、收入、费用、利润)？

1. 厂部办公大楼

2. 运输汽车

3. 未完工产品

4. 支付的广告费

5. 应付给供货单位的材料款

6. 还未上缴的税金

7. 预收的货物订金

8. 存在开户银行的存款

9. 向银行借入的短期借款

10. 仓库中的商品

11. 已经实现的产品销售收入

12. 厂部发生的办公费

13. 生产产品耗用的原材料

14. 银行借款的利息支出

15. 应发给职工的工资

16. 从利润当中提取的公积金

17. 由出纳人员保管的现金

18. 以前年度留存企业的尚未分配利润

19. 通过债务重组减免的债务

20. 投资股票遭受的损失

（二）根据以下资料，练习列出会计基本等式。

［资料］某企业月初负债总额为 6 500 万元，所有者权益总额为 8 000 万元。本月发生下列经济业务：

1. 购进一批材料，价值 100 万元，款项尚未支付。

2. 向银行借款 500 万元，存入银行。

3. 用银行存款 3 万元上缴未交税金。

4. 以银行存款 60 万元偿还银行短期借款。

5. 将库存现金 10 万元存入银行。

6. 以银行存款 400 万元购置一项固定资产。

7. 以资本公积 200 万元转增资本。

8. 经协商，将应付甲公司货款 12 万元转为甲公司对企业的投资。

［要求］

1. 逐项分析上述业务发生后对资产、负债和所有者权益三个要素增减变动的影响；

2. 月末，计算资产、负债和所有者权益三个要素的总额，并列出会计等式。

第三章

会计核算基础

学习目标

1. 掌握：会计科目的概念，会计账户及其基本格式，复式记账法的基本内容，借贷记账法的运用。

2. 理解：设置会计科目的意义，科目级次，复式记账法的演变等。

3. 了解：会计凭证、会计账簿的处理。

第一节　会计科目

一、会计科目的含义

会计对象分为了资产、负债、所有者权益、收入、费用、利润六项会计要素，为了连续、系统地核算和监督企业资金运动的过程与结果，把会计要素的内容细分为若干项目，项目的名称就是会计科目。

企业经济业务的发生会引起会计要素发生增减变化，变化的内容具体指向不同的会计科目。例如，企业支付银行存款购买设备，使得资产内部的银行存款和固定资产发生了具体的变化；企业签发商业汇票购买原材料，使得资产内部的原材料和负债内部的应付票据发生了具体的变化。企业的各项经济活动纷繁复杂，需要根据其业务事实，分门别类地确定具体项目。设置相应的会计科目，是指根据资金运动过程的具体特征和经济管理的需要，事先规定分类核算项目的一种专门方法。在设置会计科目时，需要将具有相同特征的内容归为一类，设立一个会计科目。当具备这类特征的经济业务发生时，都在这一科目下统一进行核算。通过设置分类标准，对会计要素的具体内容进行科学分类，可以为会计信息使用者提供科学、详细的分类指标体系。在会计核算的具体方法中，会计科目决定着账户开设、报表结构设计，是一种基本的会计核算方法。

二、会计科目的内容和级次

（一）会计科目的内容

根据财政部《企业会计准则——应用指南》的规定，会计科目的具体内容见表3-1。

表 3-1　常用会计科目（简化）

编号	名称	编号	名称
	一、资产类		
1001	库存现金	1604	在建工程
1002	银行存款	1701	无形资产
1101	交易性金融资产	1801	长期待摊费用
1121	应收票据	1901	待处理财产损溢
1122	应收账款		
1123	预付账款		
1131	应收股利		**二、负债类**
1132	应收利息	2001	短期借款
1221	其他应收款	2201	应付票据
1231	坏账准备	2202	应付账款
1401	材料采购	2203	预收账款
1403	原材料	2211	应付职工薪酬
1404	材料成本差异	2221	应交税费
1405	库存商品	2231	应付利息
1411	周转材料	2232	应付股利
1471	存货跌价准备	2241	其他应付款
1511	长期股权投资	2501	长期借款
1601	固定资产	2502	应付债券
1602	累计折旧		
	三、共同类		**六、损益类**
3001	清算资金往来	6001	主营业务收入
3002	货币兑换	6051	其他业务收入
		6111	投资收益

表3-1(续)

编号	名称	编号	名称
	四、所有者权益类	6301	营业外收入
4001	实收资本	6401	主营业务成本
4002	资本公积	6402	其他业务成本
4101	盈余公积	6403	税金及附加
4103	本年利润	6601	销售费用
4104	利润分配	6602	管理费用
		6603	财务费用
	五、成本类	6701	资产减值损失
5001	生产成本	6711	营业外支出
5101	制造费用	6901	所得税费用
		6901	以前年度损益调整

从表3-1可以看出，每一个会计科目都对应着一个数字编码。这是为了提高工作效率，对接计算机系统处理会计核算工作而编制的。每一个会计科目都有独一无二的数字编码与之对应。科目数字编码的第一位数字通常代表会计要素类别。例如，"1"表示资产类，"2"表示负债类，"3"表示共同类，"4"表示所有者权益类，"5"表示成本类，"6"表示损益类。科目数字编码的第二位数字通常代表科目在这一类别中的顺序。这一顺序通常是分类账中账户的排列次序，也是财务报表上的排列次序。各科目之间还会保留若干个空号，以便将来企业因业务发展需要而增加新的会计科目。

（二）会计科目的级次

会计科目之间相互联系、相互补充地构成了一个完整的会计科目体系。通过这些科目，可以全面、系统、分类核算和监督会计要素的增减变动情况及其结果，为经济管理和企业管理提供必要的核算指标。在生产经营过程中，管理目标不同，所需要的核算指标的详细程度也不同，需要详略程度不同的会计科目，因此，会设置不同级次的会计科目。

1. 一级科目

一级科目是总分类科目，又称为总账科目，是指对会计要素的具体内容进行总括分类的科目。一级科目通常由国家统一规定。表3-1就是《企业会计准则——应用指南》中规定的常用一级会计科目。

2. 二级科目

二级科目属于明细分类科目，又称为子目，是指在一级科目的基础上对所反映的经济内容进行较为详细分类的会计科目。二级科目有一部分由国家统一规定，如在"应交税费"科目下，分设"应交所得税""应交增值税""应交消费税"等；其他的根据企业经营管理需要自行设置，如在"原材料"科目下，分设"原料""燃料""辅料"等。

第三章　会计核算基础

· 29 ·

3. 三级科目

三级科目也属于明细分类科目，又称为细目，是指在二级科目的基础上，对二级科目所反映的经济内容进一步详细分类的会计科目。大多数明细科目由企业自己根据经营管理的需要而设置。

综上所述，一级科目是最高层次的会计科目，控制或统驭二级科目和明细科目；二级科目是对一级科目的补充说明，控制或统驭三级科目，是介于一级科目和明细科目之间起沟通作用的会计科目；明细科目是对二级科目及一级科目更为详细的补充说明。并不是所有的一级科目都需要分设二级科目和三级科目，根据会计信息使用所需的详细程度，有些只需要设置一级科目，有些需要设置较为详细的科目级次。会计科目级次示例见表3-2。

表3-2　会计科目级次示例

一级科目	二级科目	三级科目
原材料	主要材料	甲材料
		乙材料
		丙材料
	辅助材料	A 材料
		A 材料
		C 材料
	其他材料	1 类材料
		2 类材料

第二节　会计账户

一、会计账户的含义及分类

会计账户是根据会计科目开设的，具有一定的结构，用以连续、系统核算和监督会计要素的一种专门方法。会计账户的名称就是会计科目。

会计账户按核算的经济内容不同，可分为资产类账户、负债类账户、共同类账户、所有者权益类账户、成本类账户、损益类账户；会计账户按提供核算资料的详略程度不同，可分为总分类账户和明细分类账户。

二、账户的结构

账户的结构是指账户设置哪几个部分，每一部分反映什么内容。企业经济业务的发生会引起会计要素发生增减变化。作为会计核算载体的账户最基本的结构也应该是反映会计要素的增减变化。因此，账户的基本结构应该包括三部分，即增加额、减少额、余额。

除了增加额、减少额、余额外，账户还应包括名称、日期、凭证、摘要等主要内容。如图 3-1 所示，账户具有规范的格式。

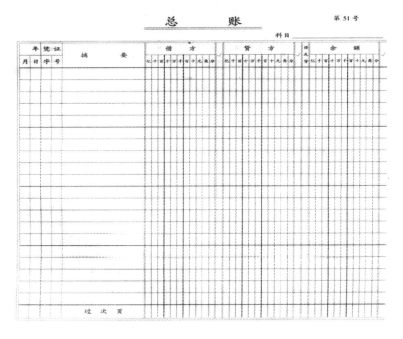

图 3-1　账户示例

为了便于教学和理解，我们经常使用"T"形账户或"丁"字账户，如图 3-2 所示。在"T"形账户中，省略了日期、凭证、摘要等文字性内容，只保留了账户名称和记账方向，经济业务发生所引起的会计要素各种具体数额的增减变动，暂且以左方、右方来体现。

图 3-2　"T"形账户示例

账户的两个记账方向，一方表示增加，另一方表示减少。账户余额和本期发生额在一个会计期间内的关系可以用下列公式表示：

$$期末余额＝期初余额＋本期增加额－本期减少额$$

第三节 复式记账法

一、记账方法

为了对会计要素进行核算和监督，在按一定原则设置了会计科目，并按会计科目开设了账户以后，需要采用一定的记账方法将会计要素的增减变动登记在账户中。记账方法就是在账户中记录经济业务的方法，记账方法在较长时期的演变过程中，经历了由单式记账法逐渐发展到复式记账法的过程。

（一）单式记账法

单式记账法是指对经济业务发生之后所引起的会计要素的增减变动，只在一个账户中进行记录登记的方法。例如，用现金购买办公用品，会在现金账户上登记减少。单式记账法不能全面、系统地反映经济业务的来龙去脉，也不便于考查账户记录的正确性、真实性。在会计工作中，对表外科目的核算通常采用单式记账法。

（二）复式记账法

复式记账法是指在每一项经济业务发生后需要记录时，同时在相互联系的两个或两个以上的账户中，以相等的金额进行登记的记账方法。与单式记账法相比，复式记账法更加全面、系统。

复式记账法的理论基础是价值运动和会计等式。会计核算和会计监督的内容是能够用货币表现的经济活动，而任何一项经济活动都有具体的原因和表现。例如，企业要获得一项资产，必然有资产的来源渠道，购入、建造、投资者投入、借入等，这就是这项经济业务的因果关系。任何一项经济业务的发生，都会引起会计要素之间或某项会计要素内部至少两个相关的项目发生对应的增减变化。所以，对于任何一笔经济业务，都要用相等的金额，在两个或两个以上相互关联的账户中登记，这就是复式记账法。

复式记账法根据记账符号的不同，可以分为借贷记账法、增减记账法、收付记账法。其中，借贷记账法是世界各国普遍采用的记账方法，也是我国应用最广泛的记账方法。我国《企业会计准则》规定，中国境内的所有企业统一使用借贷记账法。用借贷记账法在账户体系中记录各项经济业务，可以清晰地表明经济业务的来龙去脉，同时便于试算平衡和检查账户记录的正确性。

单式记账法与复式记账法的对比见表3-3。

表3-3　单式记账法与复式记账法的对比

单式记账法	复式记账法
账户设置不完整，没有完整的账户体系	需要设置完整的账户体系
一般只反映与欠人、人欠、现金、银行存款等账户有关的经济业务才能得到反映	必须对每一笔经济业务都要进行反映和记录
所反映的经济业务往往只反映一个方面	对每一笔经济业务都要反映其来龙去脉

表3-3(续)

单式记账法	复式记账法
所有经济业务会计记录不可能进行总体试算平衡	可以对一定时期的全部经济业务的会计记录进行全面的综合平衡检查

二、借贷记账法

借贷记账法是指以"借"和"贷"作为记账符号，记录会计要素增减变化的一种复式记账法。全球广泛采用的借贷记账法源于 13~15 世纪的意大利，在西方资本主义国家的商品经济蓬勃发展的过程中，商品交换、货币结算等业务越来越多，为了适应商业资本和借贷资本经营者管理的需要，逐步形成了借贷记账法。"借"和"贷"最初是从借贷资本家的角度来解释"借入"和"贷出"的，这是债权债务的变化。随着经济不断发展，各项商业活动日趋复杂多样，需要记录的经济业务也不再限于货币资金的融通业务，而是扩展到了财产物资、经营损益等的增减变化。为了便于记账一致，对于物资、损益等非货币资金借贷业务，也同样使用"借"和"贷"来记录。由此，"借"和"贷"逐渐失去了其本来的含义，变成了纯粹的记账符号。

随着会计学科的发展，会计等式"资产＝负债+所有者权益"的提出，进一步确定了借贷记账法的理论依据。根据会计等式确定了借贷记账法的记账规则，使之逐渐成为一种科学的记账方法，并被全球各国广泛采用，这也在客观上促进了会计成为一种通用的国际商业语言。对借贷记账法的认识，要从记账符号、账户结构、记账规则、会计分录和试算平衡几个角度进行。

（一）记账符号

借贷记账法的记账符号是"借"和"贷"，这两个字只是抽象的符号，在不同性质的账户中表示的增减含义是不一样的。一个账户如果用"借"表示增加，那么就会用"贷"表示减少；同样地，一个账户如果用"贷"表示增加，那么就会用"借"表示减少。

（二）账户结构

在借贷记账法下，账户的基本结构是左边为借方，右边为贷方。

采用借贷记账法时，账户的借贷两方必须做相反方向的记录。如果规定借方用来登记增加数，则贷方登记减少数；如果规定借方用来登记减少数，则贷方登记增加数。不同性质的账户，其结构是不一样的。

1. 资产类账户

资产类账户的结构是借方记录增加额、贷方记录减少额。在一个会计期间内，借方记录的合计数称为借方发生合计数，贷方记录的合计数称为贷方发生合计数，在会计期末将借方、贷方发生额进行比较，其差额影响期末余额。资产类账户的期末余额一般是在借方，借方期末余额转到下一期就成了下一期的期初余额。资产类账户结构见图3-3。

```
借              资产类账户              贷

期初余额×××

（1）增加数×××              （1）减少数×××
（2）增加数×××              （2）减少数×××
……………              ……………

本期发生额×××              本期发生额×××

期末余额×××
```

图 3-3 资产类账户结构

2. 负债、所有者权益类账户

负债、所有者权益类账户的结构是贷方记录增加额、借方记录减少额。同样地，在一个会计期间内，借方记录的合计数称为借方发生合计数，贷方记录的合计数称为贷方发生合计数，在会计期末将借方、贷方发生额进行比较，其差额影响期末余额。负债、所有者权益类账户的期末余额一般是在贷方，贷方期末余额转到下一期就成为了下一期的期初余额。负债、所有者权益类账户结构见图 3-4。

```
借          负债、所有者权益类账户          贷

                              期初余额×××

（1）减少数×××              （1）增加数×××
（2）减少数×××              （2）增加数×××
……………              ……………

本期发生额×××              本期发生额×××
                              期末余额×××
```

图 3-4 负债、所有者权益类账户结构

3. 损益类账户

损益类账户根据反映的内容不同，又可分为收入类和费用类。

收入类账户用来核算企业在经济活动过程中取得的经济利益流入。由于收入的增加与利润的增加具有相同方向，而利润又是所有者权益的部分，因此收入类账户结构（见图 3-5）与所有者权益类账户结构基本相同，即收入的增加登记在贷方、收入的减少（转出）登记在借方。收入的转出以增加的额度为限，因此该类账户通常没有余额。在特殊情况下存在余额，应表现为贷方。

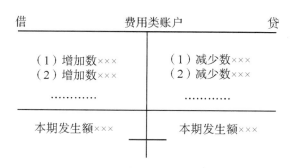

图 3-5　收入类账户结构

费用类账户结构（见图 3-6）与收入类账户结构相反，账户的借方记录增加数、贷方记录减少（转出）数。该账户借方的增加数会在会计期末通过贷方转出，因此费用类账户期末一般没有余额。如果出现特殊情况有余额，那么余额应该与增加数保持一致，在借方。

借	费用类账户	贷
（1）增加数×××		（1）减少数×××
（2）增加数×××		（2）减少数×××
…………		…………
本期发生额×××		本期发生额×××

图 3-6　费用类账户结构

作为记账符号的"借"和"贷"，其实表示的是记录的方向。账户的余额和增加额在同一个方向。也就是说，资产类账户的期末余额是在借方，负债、所有者权益类账户的期末余额是在贷方。反之，可以根据账户余额所在方向判断账户性质：借方余额的账户属于资产性质，贷方余额的账户属于负债、所有者权益性质。

（三）记账规则

记账规则是指运用记账方法记录经济业务时应当遵循的规律，是记账方法本质的体现。借贷记账法的记账规则可以概括为：**有借必有贷，借贷必相等。**

企业发生了经济业务，按照借贷记账法的记账规则，会在至少两个相关的账户中做会计记录，根据业务事实的来龙去脉分别记入相应账户的借方和贷方，借、贷方的金额合计数相等。下面举例说明借贷记账法的记账规则。

【例 3-1】西瓜籽公司××年 5 月 6 日接受 A 集团公司投资入股资金 100 万元，款项存入银行。

分析：这笔经济业务的发生，涉及资产和所有者权益同时增加。存入银行的款项对应"银行存款"账户的增加，登记在借方；相应地，A 集团公司将享有所有者权益，"实收资本"也增加，登记在贷方。如图 3-7 所示。

借　银行存款　贷	借　实收资本　贷
1 000 000	1 000 000

图 3-7　账务处理（一）

【例 3-2】西瓜籽公司××年 5 月 7 日购入一辆运输车辆，价款为 30 万元，已开出支票支付款项（不考虑相关税费）。

分析：这笔经济业务的发生，涉及资产内部项目的变化。买入的车辆对应"固定资产"账户的增加，登记在借方；相应地，买入车辆要付出的代价是支票存款账户的资金，因此"银行存款"账户会减少，登记在贷方。如图 3-8 所示。

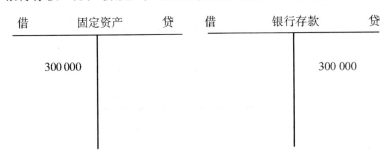

借　固定资产　贷	借　银行存款　贷
300 000	300 000

图 3-8　账务处理（二）

【例 3-3】西瓜籽公司××年 5 月 8 日偿还从银行借入的款项 20 万元，该借款为去年 11 月借入，今年 5 月到期。已通过银行账户划拨还款（不考虑相关利息）。

分析：这笔经济业务的发生，涉及资产和负债的变化。偿还的借款为去年 11 月借入，今年 5 月到期，对应的是"短期借款"账户的减少，登记在借方；相应地，偿还借款使用的是企业的银行存款账户资金，因此"银行存款"账户会减少，登记在贷方。如图 3-9 所示。

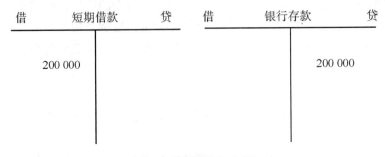

借　短期借款　贷	借　银行存款　贷
200 000	200 000

图 3-9　账务处理（三）

【例 3-4】西瓜籽公司××年 5 月 9 日购买订书机、回形针等办公用品 500 元，用现金付讫。

分析：这笔经济业务的发生，涉及资产和费用的变化。购入的订书机、回形针等办公用品，应视为企业的行政综合管理消耗，属于费用增加，对应的是"管理费用"账户的借方；相应地，该笔费用的发生是以企业现金支付的，因此"库存现金"账户会减少，登记在贷方。如图3-10所示。

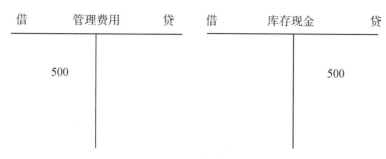

图3-10　账务处理（四）

从上述例题我们可以看出，无论经济业务涉及的会计要素如何发生对应变化，都同样适用"有借必有贷，借贷必相等"的记账规则。

（四）会计分录

会计分录（简称"分录"）是列示某项经济业务应借、应贷账户的名称及其金额和方向的记录。在各项经济业务登记到账户之前，都要根据经济业务的内容，运用借贷记账法的记账规则，确定该笔业务所涉及的账户名称、记账方向、记账金额等要素。会计实务中是通过记账凭证的编制来完成的。

会计分录具有规定的书写格式：**先写借后写贷，借贷上下要错开。**

编制会计分录的步骤一般如下：

第一步，经济业务发生后，分析这项经济业务涉及的账户名称，判断其变化是增加还是减少。

第二步，判断应记账户的性质，按照账户结构确定应计入借方还是应计入贷方。

第三步，根据借贷记账法的记账规则，确定应计入每个账户的金额，保证借贷相等。

第四步，会计分录编好后，检查应借、应贷科目是否正确，借贷方金额是否相等，有无错误。

以前面的例题编制相应的会计分录如下：

【例3-5】

借：银行存款　　　　　　　　　　　　　　　　　1 000 000

　　贷：实收资本　　　　　　　　　　　　　　　　　1 000 000

【例3-6】

借：固定资产　　　　　　　　　　　　　　　　　300 000

　　贷：银行存款　　　　　　　　　　　　　　　　　300 000

【例3-7】

借：短期借款　　　　　　　　　　　　　　　　　200 000

　　贷：银行存款　　　　　　　　　　　　　　　　　200 000

【例3-8】

借：管理费用　　　　　　　　　　　　　　　　　　　　　　　　　500

　　贷：库存现金　　　　　　　　　　　　　　　　　　　　　　　500

（五）试算平衡

试算平衡是指根据会计平衡公式，按照复式记账原理与记账规则来检查和验证账户记录的正确性和完整性的一种方法。在实际工作中，试算平衡工作是通过试算平衡表来完成的。通常企业在会计期间结束时，会结出各个账户的本期发生额和期末余额并编制试算平衡表。

试算平衡法有两种：一种是发生额试算平衡法，即将本期内所有账户的借方发生额和贷方发生额列表编制；另一种是余额试算平衡法，即将本期内所有账户的期末借方余额和期末贷方余额列表编制。

总分类账本期发生额试算平衡表、总分类账期末余额试算平衡表、总分类账本期发生额及期末余额试算平衡表分别见表3-4、表3-5、表3-6。

表3-4　总分类账本期发生额试算平衡表

××年×月×日　　　　　　　　　　　　　　　　　　　单位：元

会计科目	借方发生额	贷方发生额
合计		

表3-5　总分类账期末余额试算平衡表

××年×月×日　　　　　　　　　　　　　　　　　　　单位：元

会计科目	借方余额	贷方余额
合计		

表3-6　总分类账本期发生额及期末余额试算平衡表

××年×月×日　　　　　　　　　　　　　　　　　　　单位：元

会计科目	期初余额		本期发生额		期末余额	
	借方	贷方	借方	贷方	借方	贷方
合计						

需要说明的是，试算平衡只能检查账簿记录是否正确，不能确保会计核算完全准确无误。如果借贷不平衡，表明会计记录必然存在错误，需要进一步查明原因并修正；如果借贷平衡，也不能完全肯定记账没有错误，这是因为有些错误并不影响借贷双方平

衡，如重记、漏记、借贷方记反等错误不能通过试算平衡发现。

试算平衡示例如下：

【例3-9】西瓜籽公司××年6月末各账户的期末余额如表3-7所示。

表3-7　全部账户期末余额

××年6月30日　　　　　　　　　　　　　　　　　　　单位：元

会计账户	期末余额	
	借方	贷方
库存现金	3 000	
银行存款	35 000	
库存商品	7 500	
原材料	20 000	
生产成本	5 000	
固定资产	86 000	
短期借款		30 500
应付账款		23 000
实收资本		80 000
资本公积		23 000
合计	156 500	156 500

企业××年7月发生下列经济业务：

（1）用银行存款购买原材料一批，价值5 000元，材料已验收入库（不考虑相关税费）。

（2）从银行提取现金1 200元备用。

（3）用银行存款偿还到期的应付账款15 000元。

（4）与银行签订100 000元三个月期借款合同，款项已到账。

（5）收到投资者投入的设备一台，价值30 000元。

（6）生产车间耗用材料8 000元用于产品的直接耗用。

根据上述业务编制会计分录：

（1）

借：原材料　　　　　　　　　　　　　　　　　　　　　5 000

　　贷：银行存款　　　　　　　　　　　　　　　　　　　　5 000

（2）

借：库存现金　　　　　　　　　　　　　　　　　　　　1 200

　　贷：银行存款　　　　　　　　　　　　　　　　　　　　1 200

（3）

借：应付账款　　　　　　　　　　　　　　　　　　　　15 000

　　贷：银行存款　　　　　　　　　　　　　　　　　　　　15 000

（4）

借：银行存款   100 000

  贷：短期借款   100 000

（5）

借：固定资产   30 000

  贷：实收资本   30 000

（6）

借：生产成本   8 000

  贷：原材料   8 000

根据各账户的登记结果进行试算平衡，如表3-8所示。期初余额根据表3-7的数据填制，本期发生额根据企业××年7月发生的6笔业务的借、贷方发生额数据填制，期末余额由各账户结出的余额填制（期末余额=期初余额+本期增加额-本期减少额）。

表3-8 总分类账户本期发生额及余额试算平衡表

××年7月31日   单位：元

会计账户	期初余额		本期发生额		期末余额	
	借方	贷方	借方	贷方	借方	贷方
库存现金	3 000		1 200		4 200	
银行存款	35 000		100 000	21 200	113 800	
库存商品	7 500				7 500	
原材料	20 000		5 000	8 000	17 000	
生产成本	5 000		8 000		13 000	
固定资产	86 000		30 000		116 000	
短期借款		30 500		100 000		130 500
应付账款		23 000	15 000			8 000
实收资本		80 000		30 000		110 000
资本公积		23 000				23 000
合计	156 500	156 500	159 200	159 200	271 500	271 500

第四节 会计凭证

单位发生了经济业务，涉及时间、地点、性质、数量、金额、经办人等各方面的具体信息。财务人员在会计核算中需要借助相关的证据了解经济业务事实才能作出准确的判断。会计凭证是用来记录经济业务、明确经济责任，按一定格式编制的、据以登记会计账簿的书面证明。

会计凭证的填制和审核，对于如实反映经济业务的内容，有效监督经济业务的合法性、合理性，保证会计核算基础资料的真实性、可靠性和合理性，发挥会计在经济管理中的作用具有重要意义。

在日常会计核算中，根据不同会计主体发生经济业务或事项的性质不同、管理上的要求不同，形成了不同种类的会计凭证。在通常情况下，会计凭证按其用途和填制程序的不同，可以分为原始凭证和记账凭证。

一、原始凭证

原始凭证是在经济业务发生或完成时取得或填制的，用以记录、证明经济业务已经发生或完成情况的书面文件。不同单位应当根据实际发生的经济业务取得或填制原始凭证，作为会计核算的原始资料和证据。例如，买卖商品过程中的发票、结算单、物流单据；生产活动中的领料单、验收入库单、工资结算单等；资金筹集过程中的银行结算凭证等。原始凭证是经济业务发生当时或者完成后的原始证明文件，记载着经济业务的重要信息，如时间、内容、金额、经办人等，是具有法律效力的重要凭证。

（一）原始凭证的种类

原始凭证按照来源不同，可以分为外来原始凭证和自制原始凭证。

外来原始凭证是指会计主体与外部单位发生经济往来业务时从外部单位取得的原始凭证。其特点是由外部单位填制并签章，通常是在经济业务发生或结束时直接填制完成，如购买货物时取得的发票。

自制原始凭证是指会计主体内部发生经济业务时，由内部经办部门或员工填制的凭证。其特点是由内部员工填制并签章，如购买的原材料入库时，由仓库保管人员填制的入库单；原材料或库存商品出库时，由业务部门开出的提货单、领料单等。

自制的原始凭证按填制手续和内容的不同，又可以分为一次凭证、累计凭证、汇总凭证。

（1）一次凭证是指原始凭证的填制手续是一次性完成的，不能重复使用，如收料单、材料费用分配表等。

（2）累计凭证是指连续记录一定时期内若干同类经济业务的凭证。单位某些特定业务，通过总结经营规律，设置了在一张凭证中连续、累计填列业务内容的具体情况，从而形成累计凭证，如限额领料单。限额领料单规定了限期内的领用额度，用料单位可以分批次领用，每次领用都由经办人在限额领料单内逐笔记录并签章，到期时计算限额结余。使用这种凭证，既可以对领用材料进行事前控制，又可以减少凭证填制的手续，也有利于提高财务核算的效率。

（3）汇总凭证是指用来汇总一定时期内反映同类经济业务的原始凭证。在单位的实际业务中，可以将一定时期内若干记录同类经济业务的原始凭证汇总编制成一张原始凭证。这样既能反映某项业务的汇总情况，还能简化记账凭证的填制工作。例如，收货汇总表、商品销货汇总表、发出材料汇总表等。

（二）原始凭证的基本要素

单位经济业务多种多样，原始凭证也多种多样。但是，无论是哪一种原始凭证，都应当说明有关经济业务的执行和完成情况，明确有关经办人员和单位的经济责任。因此，根据我国《会计基础工作规范》的要求，原始凭证应当具备以下基本要素：

（1）凭证的名称；

（2）填制凭证的日期；

（3）填制凭证单位或填制人的名称；

（4）经办人员的签名或盖章；

（5）接收单位名称；

（6）经济业务的具体内容；

（7）数量、单价、金额信息。

（三）原始凭证的填制

原始凭证的填制要由填制人员将各项原始凭证要素按照规定的方法填写齐全，办妥签章手续，明确经济责任。为了确保会计资料的真实性、正确性、及时性，应遵照以下要求：

（1）记录真实。原始凭证记录的内容，应当以真实发生的经济业务为基础，业务内容和金额都必须真实可靠，不能弄虚作假，更不能伪造凭证。

（2）内容完整。原始凭证要求的内容应当逐项填写齐全，不得遗漏、省略，经办人员或经办部门应当做到认真审核，签名、盖章。

（3）手续完备。对外开出的原始凭证必须加盖本单位公章；内部自制的原始凭证必须有指定人员或单位负责人的签章；从外部取得的原始凭证应当加盖填制单位的公章；从个人处取得的原始凭证必须有填制人员的签章。

（4）书写规范。原始凭证的填制要做到文字简明扼要，字迹清晰易于辨认，不得使用不规范的汉字或简化汉字；金额的大小写必须相符且书写正确，阿拉伯数字前应填写货币符号；大写金额用规范的汉字壹、贰、叁、肆、伍、陆、柒、捌、玖、拾、佰、仟、万、亿、元、角、分、零、整等。

（5）编号连续。原始凭证的编号如果是预先印定编号，应当按顺序使用凭证；一式数联的凭证应当确保套写完成并连续编号；填写凭证出错时，应加盖"作废"戳记后连同存根妥善保存，不可随意撕毁或销毁。

（6）填制及时。各类原始凭证应确保及时填写，并按规定的程序及时送交会计部门、会计人员进行审核。

（7）改错有序。原始凭证不得随意涂改、刮擦、挖补，内容有错误的，应当由出具单位重开或更正，并在更正处加盖单位印章；原始凭证金额有错误的，应由出具单位重开，不得在原始凭证上直接更正。

（四）原始凭证的审核

原始凭证的审核应当按照国家统一的会计准则进行。只有审核无误的原始凭证，才能作为记账的依据。为了正确核算并监督各项经济业务，会计部门的经办人员必须严格审核各项原始凭证，确保会计核算的资料合法、合理、真实、完整。

（1）形式审核。审核原始凭证是否具备基本内容、是否填写清楚，单位名称是否齐全，填制单位或填制人是否有签章，业务内容与附件是否匹配，金额计算是否正确，数量、单价、总金额是否匹配等。

（2）实质审核。审核原始凭证是否合法、合理、真实。需要审核凭证所记录的经济业务是否符合国家法律的规定，是否违反财经制度的规定，是否弄虚作假，是否符合企业财务制度和内控制度的规定等。

对于审核后的原始凭证，如果形式和实质都满足要求，则作为记账凭证的依据；如果形式上有错误或者不完整，应按照规定重开或修正；如果实质性审核未通过，则不予记账甚至依法追究责任。

二、记账凭证

记账凭证是会计人员根据审核无误的原始凭证，按照经济业务的性质和应用的会计科目加以归类整理，确定会计分录而编制的直接据以登记账簿的会计凭证。在实际工作中，记账凭证通常具有统一的格式，确定会计分录后，将相关的原始凭证附在记账凭证的后面。这样可以简化记账工作，避免发生记账差错，同时也有利于凭证的保管，便于对账和查账，提高会计工作质量。

（一）记账凭证的种类

记账凭证按照用途不同，可以分为通用记账凭证和专用记账凭证。

（1）通用记账凭证是指可以用来记录所有经济业务的记账凭证。企业发生的各类经济业务，都在通用记账凭证上记录借方科目、贷方科目、金额等信息，并据此登记相应的账簿。

（2）专用记账凭证是指分类记录经济业务的记账凭证。按照经济业务与货币资金是否相关，专用记账凭证可以分为收款凭证、付款凭证、转账凭证。其中，收款凭证是专门用于反映货币资金收入业务的记账凭证，根据货币资金收入业务的原始凭证填制，通常包含库存现金收款凭证和银行存款收款凭证；付款凭证是专门用于反映货币资金支出业务的记账凭证，根据货币资金支付业务的原始凭证填制，通常包含库存现金付款凭证和银行存款付款凭证；转账凭证是专门用于反映与货币资金无关的业务的记账凭证，其格式与通用记账凭证相同。

（二）记账凭证的要素

记账凭证作为登记账簿的依据，其主要作用在于对各种经济业务的具体原始凭证进行归类、整理、判断，运用账户与复式记账法确定会计科目，编制会计分录。记账凭证本身也会基于业务特征设计成各类格式，按照我国《会计基础工作规范》的规定，记账凭证必须具备以下基本要素：

（1）填制凭证的日期；

（2）凭证编号；

（3）经济业务摘要；

（4）会计科目；

（5）记账金额；

（6）所附原始凭证数量；

（7）填制凭证人员、稽核人员、记账人员、会计主管等人员的签章。特别地，收款凭证和付款凭证还需要出纳人员的签章。

（三）记账凭证的填制

记账凭证的填制最核心的内容是按照经济业务的内容将记账科目、记账方向、记账金额填写在相应的位置。如果是收款凭证，借方科目"银行存款"或"库存现金"填写在凭证表格的最上方，对应的贷方科目和金额填写在表格中；如果是付款凭证，贷方科目"银行存款"或"库存现金"填写在凭证表格的最上方；对应的借方科目和金额填写在表格中；如果是转账凭证，借、贷双方的科目和金额都填写在凭证表格内部。

凭证上方"年、月、日"处根据财会部门受理经济业务事项制证的日期填写；凭证右上角"字第号"根据业务的类型和顺序填写"银收""银付""现收""现付""转"和已填制凭证的顺序编号；"摘要"栏填写能反映业务特征的简要说明；"金额"栏要注意对应科目的记账方向填写；记账凭证的右侧一般根据原始凭证的数量填写"附件 张"；凭证下方一般分别由相关人员签章；"记账"位置处则应在登记账簿后打钩，表示已经记账，避免发生漏记或重记错误。

此外，记账凭证在填制时还应做到编号连续、摘要简明、业务记录明确、科目准确、附件完整、内容齐全、不留空行。

（四）记账凭证的审核

记账凭证的审核是为了保证正确登记账簿。只有审核无误的记账凭证，才能作为记账的依据。记账凭证的审核主要包括以下四项内容：

（1）审核内容是否真实。需要审核记账凭证是否附有原始凭证，所附原始凭证是否齐全，记账凭证的经济内容与原始凭证是否一致。

（2）审核项目是否齐全。记账凭证上的项目应当填写清楚、完整，编号连续，涉及人员签章也应齐全。

（3）审核会计分录是否正确。记账凭证中对经济业务记账科目、记账方向、记账金额的判断应当准确无误，清晰完整。

第五节　会计账簿

一、会计账簿的概念

会计账簿简称"账簿"是指按照会计科目开设账户并由具有一定格式且相互联系的若干账页组成，以会计凭证为依据，系统、序时、分类地记录各项经济业务的簿籍。设置和登记账簿能够全面、系统、序时、分类地反映经济业务，为经营管理提供系统、完整的会计信息，有效地发挥会计的监督职能，确保财产物资的安全与完整，以及各项资金的合理使用，并为编制财务报表提供依据。

二、会计账簿的种类

（一）会计账簿按用途分类

会计账簿按用途分类，可以分为序时账簿、分类账簿和备查账簿。

1. 序时账簿

序时账簿又称为日记账，是指根据原始凭证或记账凭证，对某类经济业务或全部经济业务，按其发生时间的先后顺序、逐日逐笔连续进行登记的账簿。

用来登记全部经济业务发生情况的日记账称为普通日记账。通常，将每天发生的全部经济业务按照业务发生的先后顺序编制会计分录，登记在日记账中，然后转记到各分类账簿中。这种日记账又称为分录日记账或分录簿，在实际工作中很少使用。专门用来记录某一类经济业务的日记账称为特种日记账。在我国的会计实务中，为加强库存现金与银行存款的管理和核算，要求对有关库存现金与银行存款的收支业务按照其发生的时间先后顺序进行序时核算，这种日记账又称为特种日记账。

2. 分类账簿

分类账簿又称为分类账。按其反映指标的详细程度，又可以分为总分类账簿和明细分类账簿两种。

（1）总分类账簿又称为总分类账，简称"总账"，是指根据总分类科目开设的，用以记录全部经济业务总括核算内容的分类账簿。

（2）明细分类账簿又称为明细分类账，简称"明细账"，是指根据总账科目及其所属的明细科目开设的，用以记录某一类经济业务详细核算内容的分类账簿。

3. 备查账簿

备查账簿是指对一些在序时账簿和分类账簿中不能记载或记载不全的经济业务进行补充登记的账簿，对序时账簿和分类账簿起补充作用。相对于序时账簿和分类账簿两种主要账簿而言，备查账簿属于辅助性账簿。它可以为经营管理提供参考资料，如委托加工材料登记簿、租入固定资产登记簿等。

（二）会计账簿按外表形式分类

会计账簿按外表形式分类，可以分为订本式账簿、活页式账簿和卡片式账簿。

1. 订本式账簿

订本式账簿简称"订本账"，是指在启用前就已经按顺序编号并固定装订成册的账簿。库存现金日记账、银行存款日记账和总分类账一般采用这种形式。其优点是可以防止账页散失或抽换账页；其缺点是账页固定后，不能确定各账户应该预留多少账页，也不便于会计人员分工记账。

2. 活页式账簿

活页式账簿简称"活页账"，是在启用前和使用过程中把账页置于活页账夹内，可以随时取放账页的账簿。活页账适用于一般明细分类账。其优点是可以根据实际需要灵活使用，也便于分工记账；其缺点是账页容易散失和被抽换。为了克服此缺点，使用活页式账簿时必须按账页顺序编号，期末装订成册，加编目录，并由有关人员盖章后保存。

3. 卡片式账簿

卡片式账簿简称"卡片账"，是指由许多具有账页格式的硬纸卡片组成，存放在卡片箱中的一种账簿。卡片账多用于固定资产、存货等实物资产的明细分类核算。其优、缺点与活页账基本相同，使用卡片账一般不需要每年更换。

（三）会计账簿按账页格式分类

会计账簿按账页格式分类，可以分为三栏式账簿、数量金额式账簿和多栏式账簿。

1. 三栏式账簿

三栏式账簿是指设有借方、贷方和余额三个基本栏目的账簿，是账簿最基本的账页格式。大多数账簿使用了三栏式，如总账、日记账等。

2. 数量金额式账簿

数量金额式账簿是指在三栏式的基础上将金额的栏目增设了数量和单价的位置的账簿。这种账页格式多用于库存类资源的核算，如原材料、库存商品等。

3. 多栏式账簿

多栏式账簿是指在会计账簿的借方或贷方按照需要分设若干个专栏的账簿，如管理费用、财务费用、销售费用、生产成本、制造费用、应付职工薪酬等明细账。

三、会计账簿的记账规则

（一）账簿的启用

启用账簿时，应在"账簿启用和经管人员一览表"中详细记载单位名称、账簿名称、账簿编号、账簿册数、账簿页数、启用日期，并加盖单位公章，经管人员（包括企业负责人、主管会计、复核和记账人员等）均应签名、盖章。

记账人员调离岗位时，必须与接管人员办理交接手续，在交接记录栏内填写交接日期、交接人员和监交人员姓名，并由交接双方签字、盖章。一般会计人员办理交接手续，由会计机构负责人监交，会计机构负责人办理交接手续，由单位负责人监交。

启用账簿时，对于封面上未印制账簿标识的应先填制账簿名称与会计期间。使用订本式账簿时，对未印制顺序号的账页应从第一页到最后一页按顺序编定页数。使用活页式账簿时，应按实际使用的账页顺序编定页数，并定期装订成册。

（二）账簿的登记

账簿登记应遵循的规则如下：一是会计人员应根据审核无误的会计凭证及时地登记会计账簿。二是按各单位所选用的账务处理程序来确定登记总账的依据和具体时间。三是对于各种明细账，可逐日、逐笔进行登记，也可定期（三天或五天）登记，但债权债务类和财产物资类明细账应当每天进行登记。四是库存现金日记账和银行存款日记账，应当根据办理完毕的收付款凭证，随时逐笔按顺序进行登记，最少每天登记一次。

账簿登记的具体要求如下：一是登记使用的字体颜色应当是黑色或蓝黑色，红色只在结账、改错冲账或表示负数额度时使用。二是应当将会计凭证的日期、编号、业务内容摘要、金额和其他有关资料逐项记入账内。同时，要在记账凭证上签章并注明已经登账的标记（如打"√"等），以避免重登或漏登。三是应按账户页次顺序连续登记，不得跳行、隔页。如果发生跳行、隔页现象，应在空行、空页处用红色线条画对角线注销，注明"此行空白"或"此页空白"字样，并由记账人员签章。四是账簿中的文字或数字不能顶格书写，一般只应占格距的1/2，以便留出改错的空间。五是各账户在一张账页登记完毕结转下页时，应当结出本页合计数和余额，写在本页最后一行和下页第一行有关栏内，并在本页最后一行的"摘要"栏内注明"转次页"字样，在下一页第一行的"摘要"栏内注明"承前页"字样。"转次页"的合计数应当根据实际情况确定月结、年结等金额。六是需要结出余额的账户，结出余额后，应在"借或贷"等栏内写明"借"或"贷"等字样。没有余额的账户，应在"借或贷"等栏内写"平"字，并在余额栏内用"0"表示。库存现金日记账和银行存款日记账必须逐日结出余额。七是对于登错的记录，不得刮擦、挖补、涂改或用药水消除字迹等手段更正错误，也不允许重抄，应采用正确的错账更正规则与方法进行更正。

四、错账更正方法

当发现账簿记录有错误时，应当根据错误的不同情况，选择对应的错账更正方法。

（一）划线更正法

如果发现账簿记录有错误，而其所依据的记账凭证没有错误，即纯属记账时发生文字或数字的笔误，应采用划线更正法进行更正。具体更正的方法如下：将错误的文字或数字划红线注销，但必须保证原有字迹仍可辨认；然后在红线上方用蓝（黑）字填写正确的文字或数字，并由记账人员在更正处盖章。对于错误的数字，应全部划线更正，不得只更正其中的错误数字；对于文字差错，可只划去错误的部分并更正。

【例 3-1】记账员在根据一张正确的记账凭证登记"原材料"总分类账户时，误将应记入"贷方"栏的金额 158 932.66 元误记为 159 832.66 元。采用划线更正法更正如图 3-11 所示。

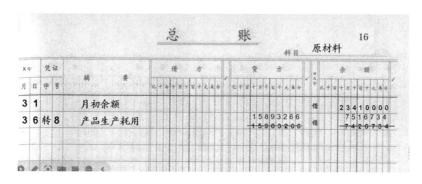

图 3-11　划线更正法示例

（二）红字更正法

红字更正法，又称为红字冲销法，是指用红字冲销原来的错误记录，以更正和调整账簿记录的一种方法。在记账以后，如果在当年内发现记账凭证所记的科目或金额有错，无论是在结账前还是在结账后发现，都可以采用红字更正法进行更正。

红字更正法具体适用于以下两种情况：

（1）记账以后，发现记账凭证中的科目写错或记账方向写错。具体更正的方法如下：先用红字填制一张与原错误记账凭证内容完全相同的记账凭证，并据以用红字登记入账，冲销原有错误的账簿记录；然后，用普通颜色填制一张正确的记账凭证，注明"订正××年×月×号凭证"，据以用普通颜色登记入账，这样就把原来的差错更正过来了。采用红字更正法更正错账时应注意：在采用复式记账凭证的情况下，即使错误的记账凭证中只有一个科目运用发生错误，也必须根据复式记账原理，将有错误的记账凭证全部冲销，以反映更正原错误凭证的内容，不得只用红字填制更正单个会计科目的单式记账凭证；在采用单式记账凭证的情况下，应只用红字填制更正单个会计科目的单式记账凭证。

【例3-2】会计师检查出一笔"5月9日销售商品68 000元但货款暂未收到"的经济交易，已被编制成"借记'应付账款'账户68 000元、贷记'库存商品'账户68 000元"的转账凭证，并已入账。现更正该项记账错误。具体更正步骤如下：

第一步，填制一张红字凭证，借记"应付账款"账户，贷记"库存商品"，在账簿中冲销掉之前的错误记录，如图3-12所示。

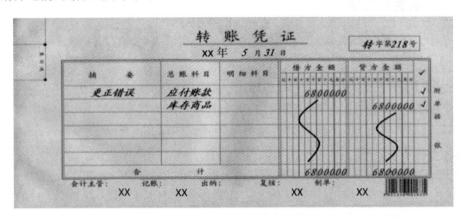

图3-12 红字更正法示例（一）

第二步，填制一张正确的记账凭证，借记"应收账款"账户，贷记"主营业务收入"，并登记入账，如图3-13所示。

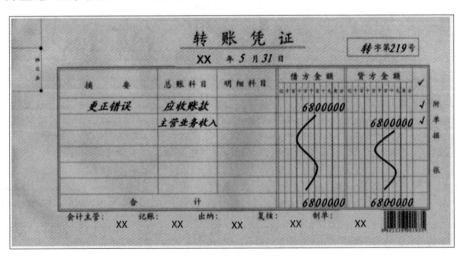

图3-13 红字更正法示例（二）

（2）记账以后，发现记账凭证中的科目或记账方向正确，但金额大于正确的金额。具体更正的方法如下：将多记的金额用红字填制一张与原错误记账凭证所记载的借贷方向，应借、应贷会计科目相同的记账凭证，并据以登记入账，以冲销多记金额，并在账簿的"摘要"栏内注明"注销××年×月×日凭证多记金额"。

【例3-3】会计师检查出一笔"5月18日领用原材料2 000元用于生产A产品"的经济交易，已被编制成"借记'生产成本'账户20 000元、贷记'原材料'账户

20 000元"的转账凭证，并已入账。现更正该项记账错误。具体更正步骤如下：

填制一张红字凭证，将多记录的金额冲减掉，借记"生产成本"账户18 000元，贷记"原材料"18 000元，如图3-14所示。

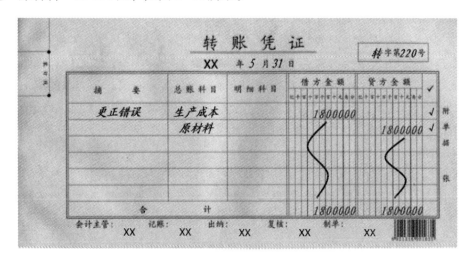

图3-14　红字更正法示例（三）

（三）补充登记法

记账凭证中应借、应贷的会计科目和记账方向都没有错误，只是所记金额小于应记的正确金额，应采用补充登记法。

具体更正的方法如下：将少记的金额用普通颜色填制一张与原错误记账凭证所记载的借贷方向，应借、应贷会计科目相同的记账凭证，并在"摘要"栏内注明"补充××年×月×日×凭证少记金额"，并据以登记入账，这样便可将少记的金额补充登记入账簿。

【例3-4】会计师检查出一笔"5月26日领用原材料40 000元用于生产A产品"的经济交易，已被编制成"借记'生产成本'账户4 000元、贷记'原材料'账户4 000元"的转账凭证，并已入账。现更正该项记账错误。具体更正步骤如下：

填制一张普通颜色的记账凭证，将少记的金额补上，借记"生产成本"账户36 000元，贷记"原材料"账户36 000元。

五、对账与结账

（一）对账

对账是指按照一定的方法和手续核对账目，主要是对账簿记录进行核对、检查。按照《会计基础工作规范》的要求，各单位应当定期对会计账簿记录的有关数字与库存实物、货币资金、有价证券往来单位或个人等进行相互核对，保证账证相符、账账相符、账实相符。

1. 账证相符

账证相符是指会计账簿（如总分类账、明细分类账以及库存现金和银行存款日记账等）的记录与记账凭证及其所附的原始凭证有关内容核对相符。这种核对主要是在日常工作中进行。保证账证相符，是会计核算的基本要求。会计账簿记录是根据会计凭证等资料编制的，两者之间存在紧密的联系，因此，通过账证核对，可以检查、验证会计账簿和会计凭证的内容是否正确无误，以保证会计资料真实、完整。各单位应当定期核对会计账簿记录与原始凭证和记账凭证反映的时间、凭证字号、内容、金额是否一致，记账方向是否相符。如果发现有不一致之处，应当及时查明原因，并按照规定予以更正。

2. 账账相符

账账相符是指各种会计账簿之间的有关记录核对相符。其主要内容包括：一是总分类账各账户借方期末余额合计数与贷方期末余额合计数核对相符；二是库存现金、银行存款日记账期末余额以及各明细分类账的期末余额合计数与有关总分类账的期末余额核对相符；三是会计部门各种财产物资明细分类账的期末余额与财产物资保管和使用部门的有关财产物资明细分类账的期末余额核对相符。

3. 账实相符

账实相符是指各种财产物资账簿记录与财产物资实有数额核对相符。其主要内容包括：一是库存现金日记账账面余额与库存现金实际库存数核对相符；二是银行存款日记账账面余额定期与银行对账单核对相符；三是各种财产物资明细账账面余额与财产物资实存数额核对相符；四是各种应收、应付款明细账账面余额与有关债务、债权单位或者个人核对相符等。

（二）结账

结账是指在将一定时期内发生的全部经济业务登记入账的基础上，计算并结转各账户的本期发生额和期末余额。将各会计期间所发生的经济业务全部登记入账并对账以后，即可通过账簿记录了解经济业务的发生和完成情况，而根据会计凭证将经济业务记入账簿后，还不能直观地获得所需的各项总括的数据资料，必须通过结账的方式，把各种账簿记录结算清楚，提供管理所需的各项数据信息。

1. 结账的程序

一是检查本期内日常发生的经济业务是否已全部登记入账，若发现有漏记、错记情况，应及时补记、更正。二是在实行权责发生制的单位，应按照权责发生制的要求，进行账项调整的账务处理，以计算确定本期的成本、费用、收入和财务成果。三是将损益类科目转入"本年利润"科目，结平所有损益类科目。四是在将本期全部经济业务登记入账的基础上，结算出所有账户的本期发生额和期末余额。

2. 结账的主要内容

（1）月结。应在该月最后一笔经济业务下面划一条通栏单红线，在红线下的"摘要"栏内注明"本月合计"或"本月发生额及余额"字样，在"借方"栏、"贷方"栏或"余额"栏内分别填入本月合计数和月末余额，同时在"借或贷"栏内注明借贷方向。然后，在这一行下面再划一条通栏单红线，以便与下月发生额划清。

（2）季结。通常在每季度的最后一个月月结的下一行，在"摘要"栏内注明"本季合计"或"本季度发生额及余额"字样，同时结出借、贷方发生额及季末余额。然后，在这一行下面划一条通栏单红线，表示季结的结束。

（3）年结。在第四季度季结的下一行，在"摘要"栏注明"本年合计"或"本年发生额及余额"字样，同时结出借、贷方发生额及期末余额。然后，在这一行下面划上通栏双红线，以示封账。

年度终了，要把各账户的余额结转到下一会计年度，并在"摘要"栏内注明"结转下年"字样。如果账页的"结转下年"行以下还有空行，应当在"余额"栏的右上角至日期栏的左下角用红色线条划对角斜线注销，在下一会计年度新建有关会计账簿的第一行"余额"栏内填写上年结转的余额，并在"摘要"栏内注明"上年结转"字样。

3. 账簿的更换

新的会计年度开始时，总账、银行存款日记账、库存现金日记账及明细分类账原则上都要更换新账，把上年度的会计账簿归档保管。但固定资产明细账或固定资产卡片账可以继续使用，不必每年更换新账。

主要概念

会计科目　会计账户　复式记账法　借贷记账法　会计分录　账户的对应关系
试算平衡　会计凭证　原始凭证　记账凭证　会计账簿　序时账簿
分类账簿　划线更正法　红字更正法　补齐登记法　对账　结账

复习思考题

1. 什么是会计科目？会计科目包括哪些内容？

2. 账户的基本结构是怎样的？

3. 复式记账的理论基础和方法分别是什么？

4. 借贷记账法包括哪些内容？

5. 会计分录的记录要求是什么？

6. 如何进行试算平衡？

7. 什么是会计凭证？可以怎样分类？

8. 什么是会计账簿？可以怎样分类？

9. 错账更正方法有哪些？分别在什么情况下采用？

10. 解释对账和结账。

巩固练习

一、单项选择题

1. 对会计要素的具体内容进行再分类的项目称为（　　　）。

　　A. 会计项目　　　　　　　　　　B. 会计科目

　　C. 会计账户　　　　　　　　　　D. 报表项目

2. 企业的会计科目必须反映（　　　）的特点。

　　A. 会计本质　　　　　　　　　　B. 会计对象

　　C. 会计定义　　　　　　　　　　D. 会计职能

3. 账户哪一方记增加、哪一方记减少是由（　　　）决定的。

    A. 记账规则   B. 账户结构

    C. 账户性质   D. 经济业务性质

4. 复式记账的理论依据是（　　　）。

    A. 借方发生额＝贷方发生额

    B. 资产＝负债＋所有者权益

    C. 收入－费用＝利润

    D. 期初余额＋本期增加发生额＝期末余额＋本期减少发生额

5. 借贷记账法，在试算平衡公式中，不正确的是（　　　）。

    A. 全部账户本期借方发生额合计＝全部账户本期贷方发生额合计

    B. 全部账户借方期初余额合计＝全部账户贷方期初余额合计

    C. 全部账户借方期末余额合计＝全部账户贷方期末余额合计

    D. 期初借方余额＋本期借方发生额－本期贷方发生额＝期末借方发生额

6. 原始凭证是由（　　　）取得或填制的。

    A. 总账会计   B. 业务经办单位或人员

    C. 会计主管   D. 出纳人员

7. 下列项目中，属于外来原始凭证的是（　　　）。

    A. 入库单   B. 出库单

    C. 银行收账通知单   D. 领料汇总表

8. 销售产品收到商业汇票一张，应该填制（　　　）。

    A. 银收字记账凭证   B. 现付字记账凭证

    C. 转账凭证   D. 单式凭证

9. 登记账簿的依据是（　　　）。

    A. 经济合同   B. 会计分录

    C. 记账凭证   D. 有关文件

10. 现金和银行存款日记账，根据有关凭证（　　　）。

    A. 逐日逐笔登记   B. 逐日汇总登记

    C. 定期汇总登记   D. 一次汇总登记

二、多项选择题

1. 下列项目中，属于会计科目的有（　　　）。

    A. 流动资产   B. 固定资产

    C. 应付利润   D. 库存商品

    E. 在产品

2. 下列项目中，属于账户应具备的基本内容有（　　　）。

    A. 账户名称   B. 经济业务发生的日期

    C. 经济业务的摘要   D. 增减金额及余额

    E. 凭证号数

3. 下列会计科目中，用于核算资产要素的有（　　　）。

    A. 应收账款　　　　　　　　　　B. 短期借款

    C. 存货　　　　　　　　　　　　D. 短期投资

    E. 预付账款

4. 收入的确认可能会引起（　　　）。

    A. 负债的减少　　　　　　　　　B. 资产的增加

    C. 成本的减少　　　　　　　　　D. 所有者权益的增加

    E. 费用的增加

5. 下列业务中引起资产与负债同时减少的是（　　　）。

    A. 支付上月的职工工资　　　　　B. 上缴国家税金

    C. 偿还所欠客户的材料款　　　　D. 归还到期的短期借款

    E. 支付股东红利

6. 会计凭证按其填制的程序和用途的不同，可以分为（　　　）。

    A. 原始凭证　　　　　　　　　　B. 记账凭证

    C. 一次凭证　　　　　　　　　　D. 累计凭证

    E. 汇总凭证

7. 记账凭证按其反映经济业务内容的不同，可以分为（　　　）。

    A. 一次凭证　　　　　　　　　　B. 付款凭证

    C. 收款凭证　　　　　　　　　　D. 转账凭证

    E. 累计凭证

8. 收款凭证中，"借方科目"可能涉及的账户有（　　　）。

    A. 现金　　　　　　　　　　　　B. 银行存款

    C. 应付账款　　　　　　　　　　D. 应收账款

    E. 应交税费

9. 会计账簿按其用途的不同，可以分为（　　　）。

    A. 序时账簿　　　　　　　　　　B. 分类账簿

    C. 备查账簿　　　　　　　　　　D. 数量金额式账簿

    E. 单式账簿

10. 收回货款 1 500 元存入银行，记账凭证中误将金额填为 15 000 元，并已入账，错账的更正方法不正确的是（　　　）。

    A. 用划线更正法更正

    B. 用蓝字借记"银行存款"账户 1 500 元，贷记"应收账款"账户 1 500 元

    C. 用红字借记"应收账款"账户 15 000 元，贷记"银行存款"账户 15 000 元

    D. 用红字借记"银行存款"账户 13 500 元，贷记"应收账款"账户 13 500 元

三、判断题

1. 单式记账法是指在一个账户中记录经济业务，复式记账法是指在两个或两个以上有关联的账户中以相等的金额记录经济业务。　　　　　　　　　　　（　　　）

2. 在复式记账法下，账户记录的结果可以反映每一项经济业务的来龙去脉。

（　　）

3. 在借贷记账法下，只要余额相等和发生额相等，则说明账户记录不会发生差错。

（　　）

4. 发生额试算平衡是根据"有借必有贷，借贷必相等"的记账规则，检查账户发生额记录是否正确的方法。（　　）

5. 在借贷记账法下，有关账户之间形成的应借应贷的相互关系称为账户对应关系。

（　　）

6. 将现金存入银行应同时编制银行存款收款凭证和现金付款凭证。（　　）

7. 每年装订成册的会计凭证，在年度终了时可以暂由单位会计机构保管一年，期满后应当移交本单位档案机构统一保管。（　　）

8. 账簿按其用途不同，可以分为订本式账簿、活页式账簿和卡片式账簿。（　　）

四、业务题

1. 某企业××年5月1日有关资金内容及金额如下：

（1）存放在企业的现款1 000元。

（2）存放在银行的款项300 000元。

（3）库存的各种材料19 000元。

（4）房屋价值900 000元。

（5）投资者投入资本1 755 000元。

（6）购货方拖欠货款80 000元。

（7）从银行借入半年期借款120 000元。

（8）库存的完工产品50 000元。

（9）拖欠供货方货款350 000元。

（10）企业留存的盈余公积金75 000元。

要求：根据所给资料，利用表3-9说明每一项资金内容应属于哪一类会计要素，具体应归属于哪一个会计科目。

表3-9　应归属的会计要素及会计科目

序号	应归属会计要素类别及金额			会计科目
	资产	负债	所有者权益	
例（1）	1 000			库存现金

表3-9(续)

序号	应归属会计要素类别及金额			会计科目
	资产	负债	所有者权益	

2. 某公司××年8月份发生以下经济业务:

(1) 国家投入资金300 000元,存入公司账户;

(2) 通过银行转账支付欠A企业购料款8 000元;

(3) 从银行提取现金10 000元,准备发放工资;

(4) 收到应收销售货物款项87 000元存入银行;

(5) 以银行存款30 000元偿还短期借款;

(6) 母公司以投资方式投入新机器一台,价值78 000元;

(7) 从银行借入临时周转款项100 000元,已存入公司账户;

(8) 以资本公积金150 000元转增实收资本。

要求:根据上述经济业务编制会计分录和发生额试算平衡表。

第四章
筹资业务的核算

学习目标

1. 掌握：企业筹资业务核算设置的账户及其用途和结构，主要筹资业务会计分录的编制。

2. 理解：不同筹资方式的特点与分类。

3. 了解：企业筹资业务与金融市场的关系。

第一节 资金筹集业务概述

　　企业成立和进行生产经营活动的前提是拥有必要的资金，筹资活动对于企业具有重要意义。除解决企业成立问题之外，在日常生产经营活动中，资金是购买各种材料、设备、支付工资的前提，也是为企业做宣传、广告投放、设备更新、新技术研发等活动的前提。企业筹集资金不外乎以下两个渠道：一是权益筹资。投资者投入的资本形成企业的永久性资本，所有者按其投资额对企业承担风险，也可以参与生产经营决策，属于企业的所有者权益。二是债务筹资。由企业作为债务人向债权人借入资金，债权人可以是银行，也可以是其他单位和个人。债权人对企业不承担经营风险，只要求企业按期还本付息，不参与企业的生产经营决策，属于企业的负债。

一、业务说明

权益筹资是企业接受作为资本投入的资金。对于企业而言，这是实收资本，属于所有者权益；对于投资者而言，这是股权投资，属于资产。二者在数量上完全相等，只是角度不同而已。投资主体的身份可以是多种多样的，如国有资本、法人资本、个人资本、外商资本；投资的具体形态也可以多种多样，如货币、实物资产、技术等。

二、账户设置

为了核算和监督企业权益筹资的增减变化和结果，应设置"实收资本"账户。这是所有者权益类账户。其贷方反映的是增加额，借方反映的是减少额，期末余额在贷方，表示企业期末实有的资本数额。该账户的明细账通常按投资者的名称设置。

除了"实收资本"账户外，企业在核算权益筹资业务时，还会用到表示投资资金形态的账户，如"银行存款"账户、"固定资产"账户、"无形资产"账户等。实收资本的增加变化与具体资金形态的增加变化正好是该业务的来龙去脉。

企业接受投资业务核算示意图见图4-1。

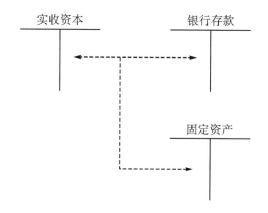

图4-1 企业接受投资业务核算

三、会计核算

（一）接受货币资金的投资

企业接受投资者以货币形式投入的资本，应以实际收到或存入企业开户银行的金额为准，借记"银行存款"账户，贷记"实收资本"账户。如果是外币，则应按收到外币的日期对应的汇率折算为人民币记账。

【例4-1】西瓜籽公司于××年9月25日收到甲公司作为资本投入的资金10万元和乙公司作为资本投入的资金20万元，款项已存入公司账户。

分析：这项经济业务的发生，一方面使得企业银行账户增加了资金30万元，应记入"银行存款"账户的借方；另一方面作为投资者的甲公司和乙公司将享有的所有者权益分别为 10 万元和 20 万元。

因此，应编制的会计分录如下：

借：银行存款   300 000

 贷：实收资本——甲公司   100 000

     ——乙公司   200 000

（二）接受实物资产投资

企业接受投资者以实物形态投入的资本，应以双方都能接受的价值入账。实务中，应根据原材料、固定资产等的新旧程度确定合理入账价值。

【例 4-2】西瓜籽公司于××年 10 月 25 日收到丙公司作为资本投入的房屋一栋，收到丁公司作为资本投入的原材料一批。该房屋已使用 5 年，合理估价为 100 万元；该原材料为市场上近期采购，买价为 15 万元（不考虑相关税费）。交付手续已办理妥当。

分析：这项经济业务的发生，一方面使得企业增加了一栋房屋、一批原材料，应记入"固定资产"账户和"原材料"账户的借方；另一方面作为投资者的丙公司和丁公司将享有的所有者权益分别为 100 万元和 15 万元。

因此，应编制的会计分录如下：

借：固定资产   1 000 000

  原材料   150 000

 贷：实收资本——丙公司   1 000 000

     ——丁公司   150 000

（三）接受无形资产投资

企业接受投资者以专利技术、非专利技术、商标权、版权等无形资产的投资，应该按照投资合同或者协商确定的价值入账。

【例 4-3】西瓜籽公司××年 7 月 10 日收到个人投资者张某自己研发的专利技术作为投资，该专利技术开发成本无法精确计量，按照企业与张某协商的价值 12 万元入账。

分析：这项经济业务的发生，一方面使得企业增加了一项专利技术，在以后的生产经营中可以使用；另一方面该专利技术应作为"无形资产"的增加来核算，同时确认张某享有的对应股权 12 万元。

因此，应编制的会计分录如下：

借：无形资产   120 000

 贷：实收资本——张某   120 000

（四）其他方式

除了以上常见的接受投资方式外，所有者还可以通过替企业偿还债务、债转股等的方式向企业投入资本。

【例 4-4】西瓜籽公司××年 12 月与债权人王某达成协议，将对王某的欠款 50 万元转为股本。

分析：这项经济业务的发生，使企业对王某的负债减少，对应的转为王某对企业所享有的股权份额，应确认负债的减少和所有者权益的增加。

因此，应编制的会计分录如下：

借：应付账款——王某　　　　　　　　　　　　　　500 000

　　贷：实收资本——王某　　　　　　　　　　　　　　　500 000

第三节　债务筹资业务的核算

一、业务说明

利用债务也是企业筹集资金的重要方式之一。企业向银行或其他金融机构借入的借款按归还期限长短，可以分为短期借款和长期借款。短期借款是指企业在生产经营过程中，由于生产周转的需要，向银行或其他金融机构借入的、偿还期限在一年或超过一年的一个营业周期以内的各种借款，在资产负债表上属于流动负债；长期借款是指企业向银行或其他金融机构借入的、偿还期限在一年或超过一年的　个营业周期的各种借款，一般用于固定资产的购建、改建和扩建等。

二、账户设置

为了核算和监督银行借款的取得与归还情况，企业应设置"短期借款"账户和"长期借款"账户，它们都属于负债类账户。

（一）"短期借款"账户

"短期借款"账户用来核算和监督企业向银行或其他金融机构等借入的期限在一年以内的各种借款。该账户属于负债类账户。其贷方登记增加的短期借款，借方登记到期偿还的短期借款。"短期借款"账户的余额在贷方，反映尚未偿还的短期借款。本账户应按债权人设置明细账，并按借款的种类进行明细分类核算。

（二）"长期借款"账户

"长期借款"账户用来核算和监督企业借入的期限在一年以上的各种借款。该账户属于负债类账户。其贷方登记借入的长期借款以及按期计算但尚未支付的借款，借方登记长期借款及利息的偿还情况；期末余额在贷方，表示尚未归还的长期借款及利息。本账户应按贷款单位设置明细账，并按贷款的种类进行明细分类核算。

企业取得借款业务核算示意图见图4-2。

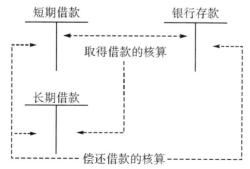

图4-2　企业取得借款业务核算

三、会计核算

（一）短期借款的核算

【例4-5】××年12月10日，西瓜籽公司向银行申请取得借款10万元，期限为6个月，年利率为3%，一次性还本付息，所得借款已存入企业的"银行存款"账户。

分析：这项经济业务的发生，使企业新增了一笔负债，对应的资金已存入企业的"银行存款"账户体现为货币资金的增加。

因此，应编制的会计分录如下：

借：银行存款　　　　　　　　　　　　　　　　　　　　　100 000

　贷：短期借款　　　　　　　　　　　　　　　　　　　　　　100 000

（二）长期借款的核算

【例4-6】××年12月10日，西瓜籽公司向银行申请借入期限为5年、年利率为5%的借款60万元，利息每季结算一次，所得借款存入企业的"银行存款"账户。

分析：这项经济业务的发生，使企业新增了一笔60万元的长期负债，对应的资金已存入"银行存款"账户体现为货币资金的增加。

因此，应编制的会计分录如下：

借：银行存款　　　　　　　　　　　　　　　　　　　　　600 000

　贷：长期借款　　　　　　　　　　　　　　　　　　　　　　600 000

 主要概念

短期借款　长期借款　实收资本

 复习思考题

1. 企业筹集资金的方式主要有哪些？

2. 通过权益与债务筹资的区别是什么？

3. 企业筹集资金的业务如何核算？

 巩固练习

一、单项选择题

1. 企业月初短期借款余额为100万元，本月向银行借入5个月期限的借款20万元，归还前期的短期借款60万元，则本月末短期借款的余额为（　　　）。

　　A. 借方400 000元　　　　　　　　　B. 贷方600 000元

　　C. 借方1 200 000元　　　　　　　　D. 贷方1 200 000元

2. 企业向银行借入一笔长期借款20万元，会使企业的资产总额（　　　）。

A. 增加 200 000 元   B. 减少 200 000 元

C. 不变   D. 减少 400 000 元

3. 接受非专利技术作为资本投入，会计核算的借方应记为（　　　）。

     A. 固定资产   B. 无形资产

     C. 实收资本   D. 长期股权投资

4. 企业用银行存款 100 000 元归还短期借款，会引起负债总额（　　　）。

     A. 增加 100 000 元   B. 减少 100 000 元

     C. 不变   D. 减少 50 000 元

5. 企业接受实物资产投资，该实物资产为投资者购入的全新设备，买价为 50 万元，运费为 1 万元，保险费为 3 000 元，增值税税率为 13%，会计核算对应的实收资本入账价值为（　　　）。

     A. 500 000 元   B. 510 000 元

     C. 565 000 元   D. 578 000 元

二、多项选择题

1. 以下费用中应记入财务费用的是（　　　）。

     A. 支付给金融机构手续费   B. 利息支出

     C. 汇兑损益   D. 财务部门办公费

     E. 发放给财务人员的工资

2. 按照投资主体的不同，可以将实收资本分为（　　　）。

     A. 国家投入资本   B. 法人投入资本

     C. 个人投入资本   D. 外商投入资本

     E. 企业投入资本

3. 企业向银行借入长期借款的原因包括（　　　）。

     A. 购建固定资产   B. 扩大再生产规模

     C. 研发新技术   D. 维持生产经营

     E. 投资新业务

4. 企业应按照投入资本的形态和用途分别记入（　　　）等资产账户。

     A. "库存现金"   B. "银行存款"

     C. "固定资产"   D. "无形资产"

     E. "长期借款"

5. 企业筹集资金的方式包括（　　　）。

     A. 吸收投资   B. 变卖设备

     C. 招募员工   D. 取得借款

     E. 销售商品

三、判断题

1. 企业接受捐赠的设备一台，应确认为实收资本。   （　　　）

2. 企业向银行申请长期借款无须提供任何财务的相关资料。 （　　）

3. 个人投资者不享有企业的经营决策权。 （　　）

4. 债权与股权相比享有优先求偿权。 （　　）

5. 短期借款只能向企业的基本账户开户银行申请。 （　　）

四、业务题

1. 收到甲公司投入的专利技术一项，市场价为 1 000 000 元。

2. 收到乙公司投入的全新设备一套，售价为 2 000 000 元，增值税税率为 13%，设备运费 5 000 元由本公司以银行存款支付。设备已运达并投入使用。

3. 收到丙公司投入的原材料一批，市场价为 500 000 元。

4. 半年前向银行借入的款项 1 200 000 元到期，以银行存款归还本金。

5. 收到银行通知，外商投入的现金 800 000 元已入账。

6. 以银行存款偿还到期的三年期借款本金，共计 980 000 元。

7. 开出支票从银行提取现金 30 000 元备用。

8. 为扩大生产规模，企业向银行借入期限为两年的借款 3 000 000 元，款项已到账。

要求：根据上述资料编制会计分录。

第五章

生产与销售业务的核算

学习目标

　　1. 掌握：企业生产业务、销售业务核算设置的账户及其用途和结构，主要经营过程会计分录的编制。

　　2. 理解：企业经营活动经历的生产准备、产品生产、产品销售过程的资金转化关系。

　　3. 了解：增值税和征收管理的特征。

第一节　生产与销售业务概述

　　企业生产与销售过程是制造企业日常经营业务的重要内容。企业通过各种渠道筹集到所需资金以后，就会开展生产经营活动，着手进行产品的具体生产并在市场上销售，实现资金的循环周转。企业在生产产品之前，一般还需要做一些准备工作，如购买原材料、机器设备等。做好生产准备工作以后则进入具体的生产环节，企业将人力、物料、技术等各项因素组合起来，形成自己的产品。产品生产好以后就进入销售阶段，将产品形态的资金转换为货币形态的资金。因此，本章主要从生产准备业务、产品生产业务、产品销售业务三个方面进行说明。

第二节 生产准备业务的核算

一、业务说明

企业在进行产品生产之前，需要做好生产场所、生产设备、生产物资、生产人员等各方面的准备。其中，生产场所的准备体现为厂房的修建或租赁，生产设备的准备体现为机器设备的购建，生产物资的准备体现为原材料的采购，生产人员的准备则属于企业人事招聘范畴的工作。在生产准备业务的会计核算上，我们主要关注固定资产的购置和原材料的采购。

（一）固定资产的购置

固定资产是指使用期限较长，单位价值较高，并且在使用过程中保持原有实物形态的资产，包括房屋、建筑物、机器、机械、运输工具以及其他与生产、经营有关的设备、器具、工具等。固定资产应按取得时的实际成本（原始价值）作为入账价值。企业购进固定资产时，除支付买价外，还会发生运输费、装卸费、包装费、保险费等。按照实际成本计价原则，这些费用均应构成固定资产取得成本。固定资产取得成本（原值）的计算公式为

固定资产取得成本（原值）= 买价+运输费+装卸费+包装费+保险费+
应由固定资产负担的税金

（二）原材料的采购

企业为保证生产经营业务的正常进行，还必须采购和储备一定数量的材料物资。购进材料时，企业与供应单位或其他有关单位办理款项的结算，支付材料的买价、税金和各种采购费用，包括运输费、装卸费和入库前的整理挑选费用等。因此，材料采购业务会计处理的主要内容包括计算材料采购成本、与供货商的货款结算和材料验收入库三个方面。

1. 计算材料采购成本

材料采购成本是指企业从外部购入原材料等实际发生的全部支出。按照现行的相关规定，材料采购成本包括购入材料支付的买价和各项采购费用（如材料购入过程中的运输费、装卸费、保险费、运输途中的合理损耗、入库前的整理挑选费等）。材料采购成本的计算公式为

材料采购成本=买价+外地运杂费+运输途中合理损耗+入库前的整理挑选费用+
应由材料负担的税金

在计算材料采购成本时，凡是能分清是为采购哪些材料所支付的费用的，应直接计入该种材料的采购成本；凡是不能分清是为采购哪些材料所支付的费用的，如为运输多种材料所支付的费用，可以按照一定的标准（如按重量比例或体积比例）分摊计入各种材料的采购成本。而采购人员的差旅费、专设采购机构的经费、非大宗材料的室内运费、企业供应部门和仓库的经费，可以列入管理费用，不包括在材料采购成本之中。

材料一般以历史成本作为其计量基础，即按采购材料时付出的实际采购成本计价。

2. 与供货商结算的货款

企业采购材料后，将会发生与供应商结算货款的经济业务，货款的结算方式是多种多样的，但常见的方式有以下三种：

（1）现款交易，即企业在购入材料后，立即以现金或银行存款支付相关货款。

（2）票据结算，即企业在购入材料后，以银行汇票、本票、支票等票据结算货款。

（3）赊购，即企业在购入材料后，货款暂欠。

3. 材料验收入库

企业所购材料运回后，应根据事先签订好的购销合同进行验收，如果符合合同要求，则将材料放入仓库中保管，同时还应确认入库材料的价值，并在账面上反映。对于验收入库的材料，其采购成本有两种结转方法：第一种方法是在平时每一批材料入库时分别进行结转；第二种方法是在平时材料入库时不结转，而在月末将本月所有的入库材料的采购成本一次性进行结转。一般来说，第二种方法可以简化会计核算。

二、账户设置

（一）与固定资产购置相关的账户

1. "固定资产"账户

"固定资产"账户属于资产类账户。该账户主要是用来核算企业固定资产原始价值的增减变化和结余情况。其借方登记固定资产原始价值的增加，贷方登记固定资产原始价值的减少；期末余额在借方，反映本企业目前拥有的固定资产的原始价值。固定资产还需要按照不同的类别和项目设置明细账，进行明细核算。

2. "在建工程"账户

"在建工程"账户属于资产类账户。该账户主要用来核算企业固定资产的新建、改建、扩建，或技术改造、设备更新和大修理工程等尚未完工的工程支出。在固定资产购置过程中，如果设备需要安装，那么在购买后、完工前的安装过程就应使用"在建工程"账户，待安装调试完工以后再转入"固定资产"账户。

3. "应交税费——应交增值税"账户

"应交税费——应交增值税"账户属于负债类账户。该账户用来反映和监督企业应交与实缴增值税的情况。增值税是一种在购销环节应向国家交纳的税款，按照增加的价值和一定的税率计算出应纳税款。从计税原理上说，增值税是对商品生产、流通、劳务服务中多个环节的新增价值或商品的附加值征收的一种流转税。实行价外税，也就是由消费者负担，有增值才征税、没增值不征税。增值税的计算采用抵扣的方式，即

应交增值税额＝本期销项税额－本期准予抵扣的进项税额

销项税额＝销售额×增值税税率

进项税额＝购进额×增值税税率

企业在购买固定资产、原材料时向供应商支付的增值税称为进项税额，计入该账户的借方；企业在销售商品时向购买方收取的增值税称为销项税额，计入该账户的贷方；期末余额如果在贷方，表示企业应交而未交的增值税；期末余额如果在借方，则表示企

业本期尚未抵扣的增值税。

（二）与原材料采购相关的账户

1. "材料采购"账户

"材料采购"账户属于资产类账户。该账户用来核算企业购入的各种材料的买价和采购费用，计算材料采购实际成本。其借方登记购入材料的买价和采购费用，即不论材料是否运达企业和是否验收入库，其采购成本都要计入该账户的借方；贷方登记已验收入库材料的实际成本（转入原材料账户）。期末该账户可能有余额，也可能没有余额，如果有余额，则期末余额在借方，表明已结算货款但尚未运达企业或虽已运达企业但尚未办理验收入库手续的在途材料的实际采购成本。为了确定每一种材料的采购成本，该账户应按采购材料的种类设置二级账户，再按材料品种设置明细账户。

2. "原材料"账户

"原材料"账户属于资产类账户。该账户用来核算和监督企业库存材料的增减变动和结存情况。其借方反映已验收入库材料的成本（如果是外购，则为采购成本；如果是自制，则为自制成本），贷方反映库存材料发出的成本；余额在借方，表示期末库存材料的成本。该账户应按每一种材料的品种、规格分别设置二级账户和明细账户，以核算每一种材料的收、发、结存情况。

3. "应付账款"账户

"应付账款"账户属于负债类账户。该账户用来核算企业因为购买材料、商品或接受劳务供应等应付给供应单位的款项。企业有时候会发生买了东西没有付款的情况，对于企业欠的这部分钱应在"应付账款"账户中核算。其贷方登记应付而未付款项的数额（包括买价、增值税、供应单位代垫的运杂费等），借方登记实际归还的数额，余额一般在贷方，表示尚未归还供应单位的数额。若出现借方余额，则表示企业多付或预付的货款。

4. "应付票据"账户

"应付票据"账户属于负债类账户。该账户用来核算企业为购买材料、商品或接受劳务供应等而开出并承兑的商业汇票（包括银行承兑汇票和商业承兑汇票）。商业汇票实际上是企业延期付款的一种证明。企业开出承兑的商业汇票时，应按其面值计入该账户的贷方；到期偿还时，计入该账户的借方；期末余额在贷方，表示企业尚未到期的应付票据。

企业购置固定资产业务核算示例见图5-1。

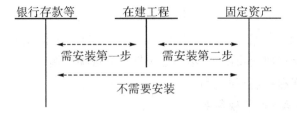

图5-1　企业购置固定资产业务核算

企业采购原材料业务核算示例见图5-2。

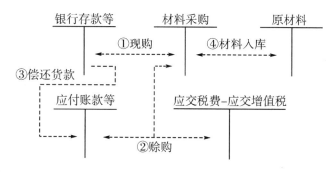

图 5-2 企业采购原材料业务核算

三、会计核算

（一）固定资产购置的会计核算

1. 外购不需要安装的固定资产

外购不需要安装的固定资产一般是标准设备、成套设备，如电脑、机床等，外购以后运回企业就可以使用。这类固定资产的入账价值包括买价、包装费、运杂费、保险费和相关税费（不含可抵扣的增值税进项税额）等。企业按应计入固定资产成本的金额，借记"固定资产"账户，贷记"银行存款"账户、"应付账款"账户。

【例 5-1】××年 3 月 15 日，西瓜籽公司购入不需要安装的机器一台，买价为 36 000元，增值税为 4 680 元，运杂费为 2 000 元，全部款项已用银行存款支付。

分析：这项经济业务的发生［固定资产的购置成本=买入价+运杂费=36 000+2 000=38 000（元）］，一方面使企业的固定资产增加了 38 000 元，同时还产生了增值税的进项税额支出 4 680（36 000×13%）元；另一方面使企业的银行存款减少了 42 680（38 000+4 680）元。因此，该项业务涉及"固定资产""应交税费——应交增值税""银行存款"账户。固定资产的增加是资产的增加，应登记在"固定资产"账户的借方；"应交税费——应交增值税"是进项税，属于负债的减少，登记在借方；银行存款的减少是资产的减少，应登记在"银行存款"账户的贷方。

因此，应编制的会计分录如下：

借：固定资产	38 000
应交税费——应交增值税（进项税额）	4 680
贷：银行存款	42 680

2. 外购需要安装的固定资产

外购需要安装的固定资产一般是大型设备、专用设备、特殊生产线等，这类固定资产外购以后并不能直接使用，还需要经过设备的安装过程，并发生各种安装成本。为了正确确定固定资产的入账价值，在核算时，应先将支付的价款、相关税费以及安装成本计入"在建工程"账户。其借方登记购进时支付的价款、包装费、运杂费、安装费等各项费用，待设备安装完毕后，再将"在建工程"账户贷方归集的金额转入"固定资产"账户的借方。

【例 5-2】××年 3 月 15 日，西瓜籽公司购入需要安装的机器一台，买价为 36 000元，增值税为 4 680 元，运杂费为 2 000 元，全部款项已用银行存款支付。安装过程发生安装调试费 5 000 元，以银行存款支付。4 月 15 日，设备安装完成达到预定可使用状态。

分析：与【例 5-1】不同，本例中的设备外购以后不能直接投入生产使用，需要安装完成以后才能使用。在会计核算时，需将安装过程的设备记为"在建工程"，待安装结束之后将"在建工程"的借方额度全部转入"固定资产"账户（38 000+5 000＝43 000）。

因此，应编制的会计分录如下：

（1）3 月 15 日购入设备时

借：在建工程　　　　　　　　　　　　　　　　　　　　　38 000

　　应交税费——应交增值税（进项税额）　　　　　　　　　4 680

　　　贷：银行存款　　　　　　　　　　　　　　　　　　　　　42 680

（2）安装过程支付的费用

借：在建工程　　　　　　　　　　　　　　　　　　　　　5 000

　　　贷：银行存款　　　　　　　　　　　　　　　　　　　　　5 000

（3）4 月 15 日安装完成时

借：固定资产　　　　　　　　　　　　　　　　　　　　　43 000

　　　贷：在建工程　　　　　　　　　　　　　　　　　　　　　43 000

（二）原材料采购的会计核算

【例 5-3】××年 5 月 17 日，西瓜籽公司从远洋公司购入甲、乙两种材料，增值税专用发票上注明甲材料为 50 吨，单价为 2 000 元，合计 100 000 元，增值税进项税额为 13 000 元；乙材料为 20 吨，单价为 3 000 元，合计 60 000 元，增值税进项税额为 7 800 元。上述款项共计 180 800 元，企业以转账支票支付，材料尚未到达企业。

分析：这项经济业务的发生，一方面使材料采购成本增加了 160 000（100 000+60 000）元，应将其计入"材料采购"账户，待材料入库并且采购成本归集全面后再转入"原材料"账户；同时，企业要按货款的 13% 支付增值税，故增值税进项税额为 20 800（13 000+7 800）元。另一方面使银行存款减少 180 800 元。这项经济业务涉及"材料采购""应交税费——应交增值税"和"银行存款"三个账户。

因此，应编制的会计分录如下：

借：材料采购——甲材料　　　　　　　　　　　　　　　　100 000

　　　　　　　——乙材料　　　　　　　　　　　　　　　　60 000

　　应交税费——应交增值税（进项税额）　　　　　　　　　20 800

　　贷：银行存款　　　　　　　　　　　　　　　　　　　　180 800

【例 5-4】××年 5 月 19 日，西瓜籽公司用银行存款 7 000 元，支付上述采购甲、乙两种材料的运杂费（不考虑税费）。按照甲、乙两种材料重量比例分配运杂费。

分析：购入材料过程发生的采购费用，凡能分清是为采购某种材料所发生的，可以直接计入该材料的采购成本；凡不能分清有关对象的，如同批购入两种或两种以上材料共同发生的采购费用，应按适当标准在该批各种材料之间进行分配，以便正确确定各种材料的采购成本。材料采购费用的分配标准一般有重量、体积、材料的买价等，在实际工作中应视具体情况选择采用。材料采购费用分配率的计算公式为：

某项采购费用的分配率＝某项待分配的采购费用总额÷各种材料的分配标准合计数

某种材料应负担的采购费用＝该种材料的分配标准×某项采购费用的分配率

【例5-4】中的甲、乙两种材料的重量比例具体计算如下：

材料运杂费分配率＝7 000÷（50+20）＝100（元/吨）

甲材料应分配的运杂费＝100×50＝5 000（元）

乙材料应分配的运杂费＝100×20＝2 000（元）

因此，应编制的会计分录如下：

借：材料采购——甲材料　　　　　　　　　　　　　　　5 000

　　　　——乙材料　　　　　　　　　　　　　　　　　2 000

　　贷：银行存款　　　　　　　　　　　　　　　　　　　　　7 000

【例5-5】××年5月23日，西瓜籽公司从永胜公司购入丙材料30吨，单价为3 000元，共计90 000元，增值税税额为11 700元，运杂费为3 500元（不考虑相关税费），材料已运出，款项尚未支付。

分析：本例中采购的丙材料的采购成本包括买价和运杂费，增值税计入进项税额，款项尚未支付则应计入"应付账款"。

因此，应编制的会计分录如下：

借：材料采购——丙材料　　　　　　　　　　　　　　　93 500

　　应交税费——应交增值税（进项税额）　　　　　　　11 700

　　贷：应付账款——永胜公司　　　　　　　　　　　　　　105 200

【例5-6】××年5月31日，西瓜籽公司本月采购的上述甲、乙、丙三种材料均已验收入库。

分析：本例中采购的甲、乙、丙三种材料均已入库，则应按照材料的采购成本从"材料采购"账户转入"原材料"账户。

因此，应编制的会计分录如下：

借：原材料——甲材料　　　　　　　　　　　　　　　105 000

　　　　——乙材料　　　　　　　　　　　　　　　　62 000

　　　　——丙材料　　　　　　　　　　　　　　　　93 500

　　贷：材料采购——甲材料　　　　　　　　　　　　　　　105 000

　　　　　　——乙材料　　　　　　　　　　　　　　　62 000

　　　　　　——丙材料　　　　　　　　　　　　　　　93 500

【例5-7】××年6月11日，西瓜籽公司以银行存款支付了上月因采购材料对永胜公司的欠款105 200元。

分析：此例业务是以银行存款偿还负债的典型业务，银行存款的减少登记在贷方，应付账款的减少登记在借方。

因此，应编制的会计分录如下：

借：应付账款——永胜公司　　　　　　　　　　　　　105 200

　　贷：银行存款　　　　　　　　　　　　　　　　　　　　105 200

第三节 产品生产业务的核算

一、业务说明

企业支付资金买回各种原材料以后即开始进入产品的生产过程，这个过程是从原材料投入生产到产成品完工入库的过程，整个生产过程的主要任务是实现生产资料与劳动力的结合，创造出能满足人们某种需要的产品（或服务），因此它是制造企业的核心经济业务。在企业产品生产过程中，一方面制造出社会所需要的产品，另一方面为进行产品的制造会发生各种耗费，如原材料的投入、工人工资的支付、固定资产价值的损耗以及为制造产品而耗费的水电费、保险费等其他费用。这些在生产过程中的耗费，在产品完工之前，构成产品的生产成本，以半成品和在产品的形式存在；产品完工验收入库之后，即构成产品的生产成本。所以，生产过程中的主要核算任务是：按一定的成本计算对象归集生产过程中的各种耗费，以确定完工产品的生产成本。

制造企业生产费用与期间费用对比如图 5-3 所示。其中，与生产过程耗费相关的体现为生产费用，无论是直接费用还是间接费用，最终都会进入企业产品的成本。

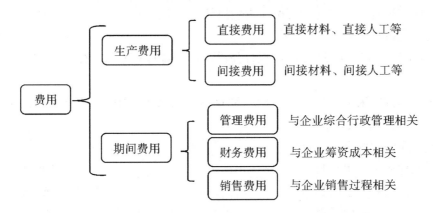

图 5-3　制造企业生产费用与期间费用对比

二、账户设置

（一）"生产成本"账户

"生产成本"属于成本类账户。该账户用来核算和监督产品生产过程中发生的各种生产费用，并据以确定产品的实际生产成本，为入库的完工成品提供计价依据。其借方登记当期发生的、应计入产品成本的生产费用，贷方登记期末结转的完工产品的实际生产成本，余额在借方，表示月末尚未完工产品（在产品）的生产成本。在"生产成本"明细分类账的借方，一般按构成产品生产成本的成本项目，分别设置专栏，以便通过对成本项目的计算，了解产品生产成本的构成情况。

（二）"制造费用"账户

"制造费用"账户属于成本类账户。该账户用来归集和分配企业为生产产品和提供劳务而发生的各项间接费用，包括制造部门管理人员的工资及福利费、机器设备等生产用固定资产折旧费及修理费、水电费等不能直接计入产品生产成本的费用。其借方登记本月内发生的各种制造费用，贷方登记月末按一定标准分配结转给各种产品负担的制造费用，月末一般无余额。本账户应按不同车间和费用项目设置明细账，以考核和控制不同车间的共同性生产费用。

（三）"应付职工薪酬"账户

"应付职工薪酬"账户是负债类账户。该账户用来核算企业应付给职工的工资总额、福利费、社保费、教育经费等，以及由此形成的企业与职工之间的工资、福利费等的结算情况。其贷方登记企业应发给职工的工资、福利费、教育经费总额，借方登记企业实际支付的工资、福利费、教育经费等金额。期末余额在贷方，表示月末应付而未付的工资、福利费等。"应付职工薪酬"账户应该按照"工资""职工福利""社会保险费""住房公积金"等项目设置明细账，进行明细分类核算。

（四）"累计折旧"账户

固定资产是企业的主要劳动资料。它在使用期内，始终保持其原有的实物形态不变（如果使用、维护得当，其生产效率也不会下降），但它的价值却随着使用中发生的损耗而逐渐减少。但需要注意的是，固定资产这种因损耗而减少的价值，并不能直接计入"固定资产"账户的贷方，这是因为固定资产能多次使用且不会改变其原有形态。根据固定资产的这一特点，不仅要设置"固定资产"账户，反映固定资产的原始价值，而且要设置"累计折旧"账户，用来反映固定资产价值的耗损。其贷方登记固定资产因使用损耗而转移到产品中去的价值（折旧增加额），借方登记报废或变卖固定资产时累计已计提的折旧额，余额在贷方，表示期末累计已计提的折旧额。在资产负债表上，该账户作为固定资产的备抵账户。

（五）"库存商品"账户

"库存商品"账户是产品生产过程结束以后转入的资产类账户，反映和监督企业产成品的增减变动和结存情况。其借方登记已完工并验收入库的产成品的实际成本，贷方登记出库产品的实际成本，期末余额在借方，表示库存产品的实际成本。库存商品账户应按照产成品的品种、规格等设置明细账，进行明细核算。

企业产品生产过程核算示例见图5-4。

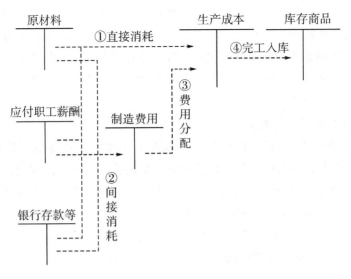

图5-4　企业产品生产过程核算

三、会计核算

（一）直接费用的核算

1. 原材料的直接消耗

【例5-8】××年10月25日，企业根据当月的领料凭证，经编制当月材料耗用汇总表计算，本月生产领用材料共计90 000元，其中20吨的甲材料（价值40 000元）全部直接用于A产品的生产，15吨的乙材料（价值50 000元）全部直接用于B产品的生产。

分析：这项经济业务的发生，企业的原材料将会减少，对应的是费用应该增加。业务内容表明，价值40 000元的甲材料直接用于生产A产品，计入"生产成本"账户；价值50 000元的乙材料直接用于生产B产品，也计入"生产成本"账户。

因此，应编制的会计分录如下：

借：生产成本——A产品　　　　　　　　　　　　　　　　40 000

　　　　　　——B产品　　　　　　　　　　　　　　　　50 000

　贷：原材料——甲材料　　　　　　　　　　　　　　　　40 000

　　　　　　——乙材料　　　　　　　　　　　　　　　　50 000

2. 人工的直接消耗

【例5-9】××年10月25日，企业根据本月应付生产工人工资结算表计算，本月A产品的工人工资为30 000元，B产品的工人工资为20 000元。

分析：这项经济业务的发生，企业A产品和B产品的生产消耗的人工成本分别为30 000元与20 000元，这应该登记在"生产成本"账户的借方。人工成本的代价是企业要向工人支付工资，与企业的管理制度相关，工人的工资通常由生产部门负责具体工作考勤，由人事部门确定工资，由财务部门支付工资。在工资核算过程中，会先确认相应的"应付职工薪酬"，再在固定的工资发放日支付资金。在本例中应确认的正是"应付职工薪酬"。

因此，应编制的会计分录如下：

借：生产成本——A 产品   30 000

        ——B 产品   20 000

   贷：应付职工薪酬   50 000

（二）制造费用的核算

1. 原材料的间接消耗

【例 5-10】××年 10 月 30 日，企业根据当月的领料凭证，经编制当月材料耗用汇总表计算，本月生产车间一般消耗丙材料 10 吨，价值 30 000 元。

分析：这项经济业务的发生，企业的原材料将会减少，对应的是费用应该增加。业务内容表明，价值 30 000 元的丙材料是车间的一般消耗，与所有产品都有关，不能直接计入生产成本而应计入间接消耗。

因此，应编制的会计分录如下：

借：制造费用   30 000

   贷：原材料——丙材料   30 000

2. 人工的间接消耗

【例 5-11】××年 10 月 25 日，企业根据本月应付生产车间管理人员工资结算表计算，本月车间管理人员的工资为 15 000 元。

分析：这项经济业务应核算车间管理人员的工资。与生产工人的工资直接计入生产成本不同，车间管理人员的工作与所有产品都有关，应计入间接消耗。

因此，应编制的会计分录如下：

借：制造费用   15 000

   贷：应付职工薪酬   15 000

【例 5-12】××年 10 月 31 日是企业发放工资的时间，财务部门发放当月制造部门员工的工资。

分析：这项经济业务是表示企业以银行存款发放本月员工工资，企业的银行存款会减少，对员工的负债"应付职工薪酬"也会相应减少。根据前面的例题，本月涉及的生产部门工人工资包括【例 5-9】中的生产工人的工资 50 000 元、【例 5-11】中的车间管理人员的工资 15 000 元。

因此，应编制的会计分录如下：

借：应付职工薪酬   65 000

   贷：银行存款   65 000

3. 机器设备的消耗

【例 5-13】××年 10 月 31 日，计提本月生产车间使用的房屋、机器设备折旧 20 000 元。

分析：这项经济业务的发生，一方面使企业生产相关的消耗增加了 20 000 元，应计入"制造费用"账户的借方；另一方面使企业固定资产的折旧额增加了 20 000 元，即固定资产发生了价值损耗，应计入"累计折旧"账户的贷方。

因此，应编制的会计分录如下：

借：制造费用 20 000

  贷：累计折旧 20 000

4. 其他消耗

【例5-14】××年10月31日，企业以银行存款支付企业车间本月耗用的水电费6 000元（不考虑相关税费），支付本月劳动保护费700元，支付本月车间保险费2 100元。

分析：本例中涉及的经济业务，都属于产品生产过程的间接消耗，应计入"制造费用"账户，对应的代价体现为银行存款的减少。

因此，应编制的会计分录如下：

借：制造费用 8 800

  贷：银行存款 8 800

5. 制造费用的分配

【例5-15】××年10月31日，按照本月A、B两种产品的生产工人工资比例分配结转本月发生的制造费用。

分析：制造费用是构成产品成本的间接费用，月末将应归集到的制造费用按一定的标准进行分配，计入各种产品成本中。常用的分配标准有生产工人工资、生产工人工时、机器工时等，各企业应根据自身的情况来选择。

制造费用具体的分配方法如下：

制造费用分配率=归集的制造费用总额÷分配标准总和

某产品应分摊的制造费用=该产品的分配标准×制造费用分配率

前例中归集的制造费用如表5-1。

表5-1 例5-10、例5-11、例5-13、例5-14归集的制造费用 单位：元

例题	主要内容	金额
例5-10	原材料的间接消耗	30 000
例5-11	车间管理人员工资	15 000
例5-13	房屋、机器设备折旧	20 000
例5-14	车间水电费、保费等	8 800
合计		73 800

对于归集起来的制造费用（73 800元），将按照A、B两种产品的生产工人工资比例进行分配。根据【例5-9】，A产品和B产品的生产工人工资分别为30 000元与20 000元，则制造费用的分配情况如下：

制造费用分配率=归集的制造费用总额÷分配标准总和

=73 800÷50 000

=1.476

A产品应分摊的制造费用=A产品的分配标准×制造费用分配率

=30 000×1.476

=44 280（元）

B 产品应分摊的制造费用=B 产品的分配标准×制造费用分配率

$$=20\,000×1.476$$

$$=29\,520（元）$$

因此，应编制的会计分录如下：

借：生产成本——A 产品   44 280

        ——B 产品   29 520

  贷：制造费用   73 800

（三）完工产品的入库

企业的生产费用经过归集和分配后，各项生产费用均归集到"生产成本"账户及其所属各产品成本明细账的借方，最后可以将这些费用（包括期初在产品成本和本期发生的费用）在本月完工产品和月末在产品之间进行分配，计算完工产品成本和月末在产品成本。其平衡公式如下：

月初在产品成本+本月生产费用=完工产品成本+月末在产品成本

在月末没有在产品的情况下，生产成本明细账内归集的费用总额就是完工产品的总成本。总成本除以本月该种产品产量就是单位成本。结转完工产品成本时，借记"库存商品"账户，贷记"生产成本"账户。

【例5-16】××年10月31日，本月投产的 A 产品和 B 产品全部完工并验收入库，计算并结转完工产品的生产成本。假定月初无任何在产品。

分析：根据前例中与 A、B 两种产品相关的成本核算记录，可以确定产品的完工成本。计算并结转完工产品的生产成本如表5-2所示。

表5-2 例5-8至例5-9及例5-15的完工产品的生产成本   单位：元

产品名称	例题	直接材料	直接人工	制造费用	合计数
A 产品	【例5-8】	40 000			
	【例5-9】		30 000		
	【例5-15】			44 280	
	合计	40 000	30 000	44 280	114 280
B 产品	【例5-8】	50 000			
	【例5-9】		20 000		
	【例5-15】			29 520	
	合计	50 000	20 000	29 520	99 520

因此，应编制的会计分录如下：

借：库存商品——A 产品   114 280

        ——B 产品   99 520

  贷：生产成本——A 产品   114 280

          ——B 产品   99 520

第四节 产品销售业务的核算

一、业务说明

产品销售过程是制造企业生产经营活动的最后一个阶段。通过产品销售业务，企业将成品资金转化为货币资金，才能为企业的持续经营和再生产规模的扩大提供物质保障，因此企业需加强和重视销售业务的管理组织工作与会计核算。

销售业务会计处理的主要内容包括确认销售收入、确认销售成本、与购货方结算款项。

企业销售产品时，能否确认收入，关键要看该销售是否能同时符合或满足以下五个条件。对于能同时符合以下五个条件的产品销售，应按会计准则的有关规定确认销售收入，反之则不能予以确认。在具体分析时，应遵循实质重于形式的原则，注重会计人员的职业判断。判定能否确认销售收入的五个条件如下：一是企业已将商品所有权上的主要风险和报酬全部转移给购买方；二是企业既没有保留通常与所有权相联系的继续管理权，也没有对已售出商品实施控制；三是收入的金额能够可靠地计量；四是相关的经济利益很可能流入企业；五是相关已发生或将发生的成本能够可靠地计量。

从产品销售收入的确认原则中可以看出，当企业在进行销售时，一个会计期间的产品销售收入与其相关的成本和费用，应当在同一会计期间进行确认、计量和记录。产品的销售成本、销售过程中发生的费用和税金支出都是企业为获取销售收入而必须付出的代价，因此这些支出也就必须从销售收入中获得补偿，并在销售收入确认的会计期间同时予以确认。企业只有正确地核算产品的销售成本、销售费用以及销售税金，并将它们与销售收入相配比，才能合理地计算出当期销售利润，为企业的生产经营决策提供必要的信息。

与购货方结算款项要注意销售过程采用哪种具体的结算方式，不同的结算方式下会计核算会有所区别。常见的会计核算方式包括以下四种：一是现款交易，即企业在销售产品后，能够立即收到购货方支付的现款；二是票据结算，即企业销售产品后，收到购货方发来的商业票据（比如汇票、本票、支票）结算货款；三是赊销，即企业销售产品后，款项尚未收到；四是预售，即企业销售产品之前，已预收购买方的货款。

二、账户设置

（一）"主营业务收入"账户

"主营业务收入"账户属于损益类账户。该账户用来核算企业销售产品（包括产成品、自制半成品）、提供劳务以及让渡资产所有权等日常活动中所产生的收入。制造业的主营业务收入是指产品的销售收入。其贷方登记已实现销售的产品销售收入，借方登记期末转入"本年利润"账户的数额，结转后该账户无余额。它应按已销售产品类别设置明细分类账，以反映每种产品的销售收入。

（二）"主营业务成本"账户

该账户属于损益类账户。该账户用来核算企业销售产品、提供劳务或让渡资产使用权等日常活动而发生的实际成本。制造业的主营业务成本是指产品的销售成本。其借方登记企业确定的已售产品的实际生产成本，贷方登记需冲减的产品销售成本和期末转入"本年利润"账户的数额，结转后该账户无余额。该账户也应按产品类别设置明细分类账，以核算每种已售产品的销售成本。

（三）"应交税费"账户

企业必须按照国家的规定履行纳税义务，对其经营所得依法缴纳各种税费。这些应缴税费应按照权责发生制原则进行确认、计提，在尚未缴纳之前暂时留在企业，形成一项负债。企业应通过"应交税费"科目，总括反映各种税费的缴纳情况，并按照应交税费项目进行明细核算。"应交税费"账户属于负债类科目。该账户主要用来核算企业应缴纳的各种税金，如增值税、消费税、所得税、城市维护建设税、资源税等。其贷方登记企业按规定计算出的应交纳的各种税费，借方登记实际已向税务部门缴纳的各种税费，期末余额若在贷方反映企业尚未交纳的税费；期末余额如果为借方反映多交或尚未抵扣的税费。

（四）"应收账款"账户

现代市场经济是一种信用经济。企业在产品销售过程中，从促销等各方面考虑，会允许购买方推迟付款。"应收账款"账户属于资产类账户。该账户用来反映企业因出售产品而形成的应收而未收的款项。其借方登记应向购货单位收取的账款，其中包括企业代购货单位垫付的包装费、运杂费等；贷方登记已收回的账款；余额一般在借方，表示期末尚未收回的账款。该账户应按购货单位设置明细账，进行分类核算。

（五）"应收票据"账户

"应收票据"账户属于资产类账户。该账户主要用来核算企业因销售商品、提供劳务等而收到的商业汇票，包括银行承兑汇票和商业承兑汇票。其借方登记企业收到的商业汇票的面值，贷方登记企业因商业汇票到期时收回的票款，期末余额在借方，表示企业持有的尚未到期的商业汇票的面值。

（六）"预收账款"账户

"预收账款"账户属于负债类账户。该账户用来核算企业按照合同规定预收的款项。当企业向购货单位预收货款及购货单位补付货款时，贷记本账户；当企业产品销售实现时，借记本账户；该账户期末余额若在贷方，表示尚未向购货单位提供产品的预收账款。"预收账款"账户应按购货单位设置明细账，进行明细分类核算。

（七）"销售费用"账户

"销售费用"账户属于损益类账户。该账户用来核算企业在销售过程中发生的各种销售费用，如包装费、运输费、广告费、展览费及专设销售机构费用（如销售机构人员的工资及福利费、固定资产的折旧费、业务招待费等）。其借方登记当期发生的各种销售费用，贷方登记期末转入"本年利润"账户的数额，结转后该账户无余额。

（八）"税金及附加"账户

"税金及附加"账户属于损益类账户。该账户用来核算销售产品、提供劳务等日常活动中应负担的销售税金及附加，包括消费税、资源税、城市维护建设税和教育费附加等在销售环节缴纳的税金。其借方登记按规定的税率计算应负担的销售税金及附加，贷方登记期末转入"本年利润"账户的数额，结转后该账户无余额。该账户也应按产品类别设置明细账，进行明细分类核算。

企业销售业务核算示例见图5-5。

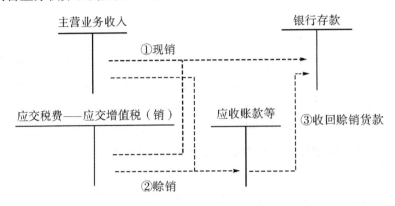

图5-5　企业销售业务核算

企业销售成本费用核算示例见图5-6。

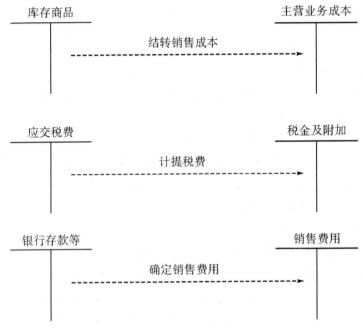

图5-6　企业销售成本费用核算

三、会计核算

（一）主营业务收入的核算

【例5-17】××年11月11日，西瓜籽公司向天泉公司销售A产品500件，单价为400元；B产品400件，单价为300元，增值税税率为13%，款项已全部收妥存入银行。

分析：这项经济业务的发生，使企业的银行存款增加（销售价款加上增值税销项税），登记在借方；银行存款增加的额度对应的是收入和增值税销项税增加，登记在贷方。

因此，应编制的会计分录如下：

借：银行存款   361 600

   贷：主营业务收入   320 000

      应交税费——应交增值税（销项税额）   41 600

【例5-18】××年11月12日，西瓜籽公司向华生公司销售A产品200件，单价为400元，增值税税率为13%，款项尚未收到。

分析：这项经济业务的发生，使企业的应收账款增加（销售价款加上增值税销项税），登记在借方；应收账款增加的额度对应的是收和增值税销项税增加，登记在贷方。

因此，应编制的会计分录如下：

借：应收账款——华生公司   90 400

   贷：主营业务收入   80 000

      应交税费——应交增值税（销项税额）   10 400

【例5-19】××年11月12日，西瓜籽公司向海拉公司销售B产品200件，单价为300元，增值税税率为13%，收到海拉公司签发的一张期限为3个月的商业承兑汇票。

分析：这项经济业务的发生，使企业的应收票据增加（销售价款加上增值税销项税），登记在借方；应收票据增加的额度对应的是收入和增值税销项税增加，登记在贷方。

因此，应编制的会计分录如下：

借：应收票据——海拉公司   67 800

   贷：主营业务收入   60 000

      应交税费——应交增值税（销项税额）   7 800

（二）销售成本的核算

【例5-20】××年11月30日，经计算企业本期已销售的A产品700件，单位成本为250元；已销售的B产品600件，单位成本为200元。按要求结转本月销售成本。

分析：由于本月销售的产品不一定是本月生产的，因此需要按照一定的标准计算单价，这涉及存货计价方法，如加权平均法、先进先出法等。本例简化了成本计价方法。根据题意，A产品的销售成本为175 000（700×250）元，B产品的销售成本为120 000（600×200）元，销售成本的确认登记在借方，对应的贷方是库存商品的减少。

因此，应编制的会计分录如下：

借：主营业务成本——A产品   175 000

           ——B产品   120 000

   贷：库存商品   295 000

（三）税金及附加的核算

【例5-21】××年11月20日，按照规定计算出本月应负担的城市维护建设税为500元，教育费附加为280元。

分析：伴随销售业务产生的城市维护建设税、教育费附加等，企业应计提的税金及附加属于费用的增加，登记在借方；对应的科目则是应交税费。

因此，应编制的会计分录如下：

借：税金及附加　　　　　　　　　　　　　　　　　780

　　贷：应交税费——应交城市维护建设税　　　　　　　500

　　　　　　　——应交教育费附加　　　　　　　　　　280

（四）销售费用的核算

【例5-22】××年11月25日，企业支付产品广告费2 000元。

分析：这项经济业务的产品广告费属于销售费用的增加，登记在借方，对应的科目是银行存款减少，登记在贷方。

因此，应编制的会计分录如下：

借：销售费用　　　　　　　　　　　　　　　　　　2 000

　　贷：银行存款　　　　　　　　　　　　　　　　　2 000

【例5-23】××年11月30日，月末，经计算，本月应付给销售机构人员工资6 000元。

分析：这项经济业务与前例计算车间工作人员的工资相似，应属于应付职工薪酬，相应地，销售机构人员的工资应属于销售费用的增加。

因此，应编制的会计分录如下：

借：销售费用　　　　　　　　　　　　　　　　　　6 000

　　贷：应付职工薪酬　　　　　　　　　　　　　　　6 000

 主要概念

采购成本　固定资产　增值税　生产成本　制造费用　累计折旧

主营业务收入　主营业务成本　期间费用　管理费用　销售费用　财务费用

 复习思考题

1. 材料采购业务主要核算什么内容？

2. 企业外购的固定资产与自建的固定资产的会计核算有什么异同？

3. "生产成本"与"制造费用"账户反映的内容分别是什么？

4. 制造费用的分配标准有哪些？

5. 主营业务收入主要有哪些来源？

6. 销售业务中的收入和费用有什么关系？

 巩固练习

一、单项选择题

1. 产品已经销售，但是尚未收到货款，企业在进行会计处理时，应借记（　　　）账户。

A. "预收账款"   B. "应收账款"

C. "应付账款"   D. "预付账款"

2. 结转产品销售成本时，贷方账户是（   ）。

    A. "主营业务成本"   B. "其他业务成本"

    C. "本年利润"   D. "库存商品"

3. 企业生产过程发生的间接费用应先在"制造费用"账户归集，期末再按一定的标准和方法分配计入（   ）账户。

    A. "管理费用"   B. "生产成本"

    C. "本年利润"   D. "库存商品"

4. "材料采购"账户期末若有余额，表示（   ）。

    A. 已购入但尚未验收入库的材料

    B. 企业本月及以前各期累计购买的材料金额

    C. 企业目前尚存的原材料

    D. 企业已入库和已耗用材料的差额

5. 材料采购成本不包含（   ）。

    A. 买价   B. 运费

    C. 挑选整理费   D. 增值税

二、多项选择题

1. 制造费用的分配可以采用（   ）等标准。

    A. 完工产品数量   B. 完工产品生产工时

    C. 完工产品人工工资   D. 产品开发成本

    E. 完工产品工人人数

2. 下列项目中，构成材料采购成本的有（   ）。

    A. 买价   B. 运杂费

    C. 保险费   D. 挑选整理费

    E. 增值税

3. 下列项目中，构成产品成本的可能有（   ）。

    A. 直接材料费   B. 直接人工费

    C. 间接制造费用   D. 管理费用

    E. 销售费用

4. 增值税的核算与（   ）有关。

    A. 产品买价   B. 产品售价

    C. 法定税率   D. 税收优惠政策

    E. 买方身份

5. 下列项目中，一般应计入管理费用的是（   ）。

    A. 办公用品   B. 管理人员工资

    C. 工会经费   D. 销售人员工资

    E. 财务人员工资

6. 下列费用中，应计入销售费用的是（　　　）。

    A. 销售原材料成本　　　　　　　　B. 销售机构人员工资

    C. 销售人员差旅费　　　　　　　　D. 销售产品运杂费

    E. 销售产品广告费

7. 下列费用中，应计入财务费用的是（　　　）。

    A. 支付金融机构手续费　　　　　　B. 利息支出

    C. 汇兑损益　　　　　　　　　　　D. 财务部门办公费

    E. 财务人员工资

8. 下列项目中，应计入税金及附加的是（　　　）。

    A. 教育费附加　　　　　　　　　　B. 消费税

    C. 所得税　　　　　　　　　　　　D. 城市维护建设税

    E. 印花税

三、判断题

1. "累计折旧"是资产类账户，因此，当折旧增加时应计入"累计折旧"账户的借方。　　　　　　　　　　　　　　　　　　　　　　　　　　　　　（　　）

2. 收入要素包括主营业务收入、其他业务收入、营业外收入。　　　　（　　）

3. 费用是企业实际发生的各项开支和损失。　　　　　　　　　　　　（　　）

4. 企业专设销售机构的固定资产修理费用应计入销售费用。　　　　　（　　）

5. 收回以前销售货物形成的货款存入银行将使企业资产总额增加。　　（　　）

四、业务处理题

（一）本公司××年6月发生的采购相关业务如下：

1. 购入甲材料一批，买价为50 000元，无须支付额外运输费，开出转账支票付款。

2. 购入乙材料30吨，单价为2 000元/吨，以银行存款转账支付。

3. 向运输公司支付上述乙材料运杂费共计2 000元，以银行存款转账支付。

4. 开出转账支票支付上月应付材料款113 000元。

5. 购入乙材料20吨，单价为2 000元/吨；购入丙材料30吨，单价为1 000元/吨。全部款项用企业签发并承兑的商业汇票结算。

6. 上述乙材料和丙材料运输费用合计为2 000元，以银行存款转账支付；运抵企业时发生挑选整理费1 000元，以现金支付；按材料的重量分摊采购成本。

7. 除甲材料外，本月采购的其他材料均已验收入库，结转已验收入库材料的实际采购成本。

要求：根据上述经济业务编制会计分录，增值税税率按13%计算。

（二）本公司××年7月初未完工在产品A的生产成本为8 760元。当月发生下列业务：

1. 领用材料16 800元。其中，用于A产品生产10 000元，用于B产品生产6 080元，车间一般消耗720元。

2. 用现金支付车间购买办公用品费用 280 元。

3. 结算车间本月应付职工工资 9 250 元。其中，A 产品生产工人工资 4 020 元，B 产品生产工人工资 3 020 元，车间管理人员工资 2 210 元。

4. 按工资的 14% 计提职工福利费。

5. 计提车间固定资产折旧费 2 400 元。

6. 月末，根据 A、B 两种产品的工资分摊制造费用。

7. 月末，未完工 A 产品成本为 6 700 元。计算并结转本月完工入库产品的生产成本。

要求：根据上述经济业务编制会计分录，登记"生产成本"和"制造费用"总账并结账。

（三）本公司××年 12 月发生如下经济业务：

1. 向民丰厂购入甲材料 20 吨，单价为 1 000 元，购入乙材料 20 吨，单价为 500 元，增值税进项税额为 3 900 元，货款未付。

2. 以银行存款支付甲乙材料共同运杂费 500 元（运杂费按材料重量比例分配），甲乙材料均已运到，验收入库，结转其实际采购成本。

3. 仓库发出甲材料 16 吨，单价为 1 000 元，用于 A 产品生产，发出乙材料 8 吨，单价为 500 元。其中，6 吨用于 B 产品生产，2 吨用于车间一般性耗用。

4. 售给达昌公司 A 产品 3 000 件，每件售价为 100 元，B 产品 4 000 件，每件售价为 50 元，增值税税率为 13%，货款收到，存入银行。

5. 向银行提现 55 000 元，以备日常零星开支。

6. 以现金 550 元支付办公室饮用水费。

7. 结算本月职工工资，其中 A 产品生产工人工资为 36 000 元，B 产品生产工人工资为 9 000 元，车间管理人员工资为 5 000 元，行政管理人员工资为 5 000 元，销售人员工资为 7 000 元。

8. 以银行存款支付本月产品广告费 10 000 元。

9. 预提应由本月份负担的短期借款利息 500 元。

10. 计提本月固定资产折旧 6 000 元，其中车间固定资产应提折旧 4 000 元，行政管理部门应提折旧 2 000 元。

11. 以银行存款支付应由本月生产车间负担的财产保险费用 1 400 元。

12. 以银行存款支付车间办公费 500 元、水电费 2 000 元、劳动保险费 1 100 元。

13. 将本月发生的制造费用按 A、B 两种产品的生产工人工资比例分配计入生产成本。

14. 本月生产的 A 产品全部完工验收入库，结转其实际生产成本，B 产品尚未完工。

15. 结转本月已销产品成本 298 700 元，其中 A 产品销售成本为 179 220 元，B 产品销售成本为 119 480 元。

要求：根据上述经济业务编制会计分录，登记"主营业务收入"和"主营业务成本"总账并结账。

第六章

财务成果的核算

> **学习目标**
>
> 1. 掌握：企业财务成果核算设置的账户及其用途和结构，财务成果核算与分配相关会计分录的编制。
> 2. 理解：营业利润、利润总额、净利润核算的主要区别。
> 3. 了解：对利润构成的分析。

　　企业作为独立的经济实体，应通过收入弥补成本费用，并为投资者提供一定的投资报酬。财务成果是指企业在一定时期内进行生产经营活动最终在财务上所实现的成果，即净利润或净亏损。财务成果是一个计算的结果，是衡量和评价企业生产经营活动的一个重要财务指标。

第一节　财务成果概述

　　从利润的构成来看，财务成果不仅包括在销售业务核算中涉及的主营业务收支，也包括其他业务、期间费用、投资收益等营业活动中的损益，还包括那些与生产经营活动没有直接关系的利得和损失。因此，利润一般包括收入减去费用后的净额、直接计入当期利润的利得和损失。利润的具体核算包括以下几个层次：

　　毛利润＝营业收入－营业成本

　　营业利润＝营业收入－营业成本－营业税费－销售费用－管理费用－财务费用－资产减值损失±公允价值变动损益±投资收益

　　利润总额＝营业利润＋营业外收入－营业外支出

　　净利润＝利润总额－所得税费用

一、业务说明

财务成果的核算需要以完整、系统的损益类业务核算为基础。损益类业务核算除了销售过程中的收入和费用核算外，还包括企业经营过程中的其他各项收入和费用的准确核算。

二、账户设置

（一）"管理费用"账户

"管理费用"账户属于损益类账户。该账户用来核算企业行政管理部门为组织和管理生产经营活动所发生的各项管理费用。"管理费用"账户包括企业的董事会和行政管理部门在企业的经营管理中发生的，或应由企业统一负担的公司经费（包括行政管理部门职工工资及计提的福利费、修理费、折旧费、物料消耗、办公费和差旅费等）、董事会费、业务招待费、船舶吨税、残疾人保障基金等。其借方登记企业发生的各项管理费用，贷方登记需冲减的管理费用和期末转入"本年利润"账户的金额，期末结转后该账户应无余额。该账户按照费用项目设置明细账，进行明细分类核算。

（二）"财务费用"账户

"财务费用"账户属于损益类账户。该账户用来核算企业为筹集生产经营所需要的资金而发生的各项费用。"财务费用"账户包括利息支出（减利息收入）、汇兑损失（减汇兑收益）、金融机构手续费以及筹集生产经营资金发生的其他费用。其借方登记企业发生的各项财务费用，贷方登记需冲减的财务费用（如存款利息收入）和期末转入"本年利润"账户的金额，期末结转后该账户应无余额。该账户按照费用项目设置明细账，进行明细分类核算。

（三）"营业外收入"账户

"营业外收入"账户属于损益类账户。该账户用来核算企业发生的与生产经营活动没有直接关系的各项收入和利得，如企业没收的出租包装物押金、处置固定资产净收益、出售无形资产净收益、交易附加返还款等。营业外收入并不是企业资金耗费所产生的，不需要企业付出代价，实际上是一种纯收入，既不可能也不需要与相关费用配比。其贷方登记取得的营业外收入，借方登记转入"本年利润"账户的数额，期末结转后该账户无余额。该账户按收入项目设置明细账，进行明细分类核算。

（四）"营业外支出"账户

"营业外支出"账户属于损益类账户。该账户用来核算企业发生的与生产经营活动没有直接关系的各项支出，如对外捐赠支出、固定资产报废损失、自然灾害损失、罚款支出等。其借方登记已发生的营业外支出，贷方登记转入"本年利润"账户的数额，期末结转后无余额。该账户可以按支出项目设置明细账。

（五）"所得税费用"账户

"所得税费用"账户属于损益类账户。该账户用来核算企业按规定计算出来的从本期损益中扣除的所得税费用。企业所得税是企业在生产经营过程中的一部分耗费，是企业的一项费用支出。企业所得税通常是按年计算、分期缴纳的。其借方登记当期应缴纳的所得税额，贷方登记期末转入"本年利润"账户的金额，期末结转后该账户应无余额。

（六）"其他业务收入"账户

"其他业务收入"账户属于损益类账户。该账户用来核算企业其他业务活动实现的收入，如出租固定资产、出租无形资产、出租包装物、销售材料等。"其他业务收入"与"主营业务收入"的记账方向一致，只是业务类型不同。该账户核算的一般是发生频率不高、在全部收入中占比重较小或是主营业务附带的收入。

（七）"其他业务成本"账户

"其他业务成本"账户属于损益类账户。该账户用来核算与其他业务收入相配比的实际成本，如固定资产的折旧、无形资产的摊销、材料的实际成本等。"其他业务成本"作为费用类账户，借方确认增加，贷方确认减少。

三、会计核算

【例6-1】××年12月7日，企业行政管理部门消耗仓库的原材料100千克，价值5 000元。

分析：此项经济业务是行政管理部门消耗原材料，应确认为原材料的减少。该资产的消耗对应确认为管理费用。

因此，应编制的会计分录如下：

借：管理费用   5 000

  贷：原材料   5 000

【例6-2】××年12月8日，企业用现金支付管理部门的办公用品费200元。

分析：此项经济业务是行政管理部门消耗办公用品，应确认为管理费用，办公用品以现金支付则表明企业的现金资产会有所减少。

因此，应编制的会计分录如下：

借：管理费用   200

  贷：库存现金   200

【例6-3】××年12月9日，企业行政人员张某报销差旅费2 000元，通过银行账户向员工支付资金。

分析：此项经济业务是行政人员发生了差旅活动，涉及交通费、住宿费等，应确认为管理费用。该费用以"银行存款"账户支付则表明企业的存款资产会有所减少。

因此，应编制的会计分录如下：

借：管理费用   2 000

  贷：银行存款   2 000

【例6-4】××年12月30日，企业计提行政管理部门所使用的固定资产折旧费用7 000元。

分析：此项经济业务是行政管理部门的固定资产折旧，应确认为管理费用。

因此，应编制的会计分录如下：

借：管理费用 7 000

 贷：累计折旧 7 000

【例6-5】××年12月30日，企业计提行政管理部门工作人员工资30 000元。

分析：此项经济业务是行政管理部门的人员工资，应确认为管理费用。

因此，应编制的会计分录如下：

借：管理费用 30 000

 贷：应付职工薪酬 30 000

【例6-6】××年12月30日，企业计提本月应负担的借款利息250元。

分析：此项经济业务是企业的借款利息，应确认为财务费用的增加。同时，利息的计提并非利息的支付，对应的贷方记为应付利息即可。实际支付利息时再确认货币资金的减少。

因此，应编制的会计分录如下：

借：财务费用 250

 贷：应付利息 250

【例6-7】××年12月10日，企业收到圆心公司因违反技术服务合同有关条款而支付的罚款，金额为6 000元，已存入银行。

分析：此项经济业务使企业的银行存款增加了6 000元，应登记在借方；同时，对方违反技术服务合同而支付的罚款属于"意外"情况，符合营业外收入的特征。

因此，应编制的会计分录如下：

借：银行存款 6 000

 贷：营业外收入 6 000

【例6-8】××年12月11日，企业开出转账支票向凉山彝族自治州某学校支付捐款30 000元。

分析：此项经济业务使企业的银行存款减少了30 000元，应登记在贷方；同时，对外捐款符合营业外支出的特征。

因此，应编制的会计分录如下：

借：营业外支出 30 000

 贷：银行存款 30 000

【例6-9】××年12月12日，企业销售多余的原材料甲，售价为10 000元，款项已收到存入银行。该批材料的实际成本为8 000元。

分析：此项经济业务是企业多余材料的出售，符合其他业务收入的确认条件。其材料的对应实际成本为其他业务成本。

因此，应编制的会计分录如下：

借：银行存款 11 300

 贷：其他业务收入 10 000

  应交税费——应交增值税（销项税额） 1 300

第六章　财务成果的核算

借：主营业务成本　　　　　　　　　　　　　　　　　　　　8 000
　　贷：原材料——甲材料　　　　　　　　　　　　　　　　　　　8 000

第三节　利润核算

一、业务说明

在各项收入和费用准确核算的基础上，可以进行财务成果核算。该业务的主要内容包括将某一会计期间内的所有收入和费用项目都结转到"本年利润"账户，结出"收入"和"费用"的差额，即为"利润"。

在利润核算过程中，较为特殊的是所得税费用。当企业满足缴纳所得税条件时，会产生所得税费用的核算；当企业不满足缴纳所得税条件时（如亏损、处于免税期等），企业则不会在当期产生所得税费用的核算。

二、账户设置

"本年利润"账户属于所有者权益类账户，是一个过渡性账户，用来计算会计年度内累计实现的利润（或亏损）总额。其贷方登记期末从各收入类账户转入的本期发生的各种收入，如主营业务收入、投资收益等，借方登记期末从各成本、费用类账户转入的本期发生的各种费用，如主营业务成本、管理费用等；期末，如果借方金额大于贷方金额，表明当年实际为亏损；反之，如果贷方金额大于借方金额，表明实现盈利。在年度的 1~11 月，该账户的余额保留在本账户，不予转账，表示截至本期末本年度已经实现的净利润或发生的净亏损；年末，应将该账户的余额转入"利润分配"账户，结转后该账户应无余额。

企业利润核算示例见图 6-1。

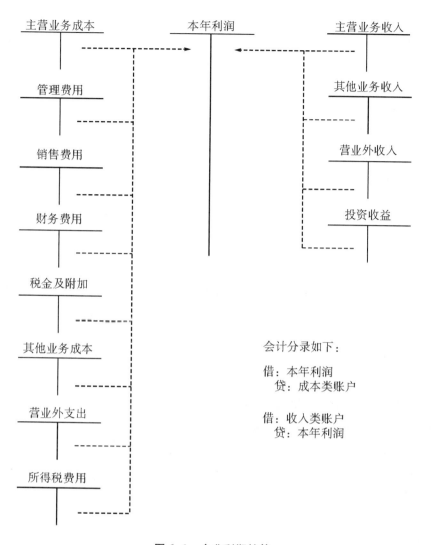

图 6-1　企业利润核算

三、会计核算

【例 6-10】××年 12 月 31 日，结转本月实现的各种收入。其中：主营业务收入为 70 万元，其他业务收入为 1 万元，营业外收入为 6 000 元。

分析：此项经济业务是将已形成的收入转入利润核算账户。收入的形成登记在贷方，应从借方结转到利润账户。

因此，应编制的会计分录如下：

借：主营业务收入　　　　　　　　　　　　　　　700 000

　　其他业务收入　　　　　　　　　　　　　　　　10 000

　　营业外收入　　　　　　　　　　　　　　　　　　6 000

　　贷：本年利润　　　　　　　　　　　　　　　　　　716 000

【例 6-11】××年 12 月 31 日，结转本月各项费用。其中：主营业务成本为 30 万元，其他业务成本为 8 000 元，管理费用为 44 200 元，财务费用为 2 000 元，销售费用为

20 000元，税金及附加为1 800元，营业外支出为30 000元。

分析：此项经济业务是将已形成的费用转入利润核算账户。费用的确认登记在借方，应从贷方结转到利润账户。

因此，应编制的会计分录如下：

借：本年利润		406 000
贷：主营业务成本		300 000
其他业务成本		8 000
管理费用		44 200
财务费用		2 000
销售费用		20 000
税金及附加		1 800
营业外支出		30 000

【例6-12】××年12月31日，根据【例6-10】和【例6-11】的信息，企业按规定计算本期应缴纳的所得税（按所得税税率25%执行，不考虑税法调整项和递延所得税）。

分析：此项经济业务是在核算利润的基础上计算所得税，企业所得税一般实行按月预交、年终清算的办法。其计算公式为

应纳所得税额＝应纳税所得额×适用的所得税税率

应纳税所得额＝利润总额±纳税调整项目

不考虑调整项和递延项，根据【例6-10】和【例6-11】的信息，"本年利润"账户的余额应该是贷方（716 000－406 000＝310 000元），应缴纳的所得税为77 500（310 000×25%）元。

因此，应编制的会计分录如下：

借：所得税费用	77 500
贷：应交税费——应交所得税	77 500

【例6-13】××年12月31日，将"所得税费用"账户的本期发生额结转到"本年利润"账户。

分析：此项经济业务是将本期所发生的所得税费用转入"本年利润"账户，据以确定当期实现的净利润。结转所得税费用时，从"所得税费用"账户的贷方转入"本年利润"账户的借方。

因此，编制会计分录如下：

借：本年利润	77 500
贷：所得税费用	77 500

通过"所得税费用"账户的结转，本年利润进一步减少。本期实现的净利润为232 500（310 000－77 500）元。

【例6-14】企业以银行存款实际缴纳本月所得税费用。

分析：此项经济业务是将本期所发生的所得税费用银行存款缴清，该业务涉及银行存款的减少和应交税费的减少。

因此，应编制的会计分录如下：

借：应交税费——应交所得税 77 500

　　贷：银行存款 77 500

一、业务说明

企业在一定时期实现的净利润，除国家另有规定外，应按照一定的顺序分配。利润的分配过程和结果，不仅关系到所有者的合法权益是否得到保障，而且关系到企业能否长期、稳定发展。

根据《中华人民共和国公司法》等有关法规的规定，企业当年实现的净利润，一般应按照下列内容、顺序和金额进行分配：

（1）计算可供分配的利润。将本年净利润（或亏损）与年初未分配利润（或亏损）合并，计算出可供分配的利润。如果可供分配的利润为负数（亏损），则不能进行后续分配；如果可供分配利润为正数（本年累计盈利），则进行后续分配。

（2）提取法定盈余公积金。在不存在年初累计亏损的前提下，法定盈余公积金按照税后净利润的10%提取。法定盈余公积金已达注册资本的50%时可不再提取。提取的法定盈余公积金用于弥补以前年度亏损或转增资本金。但转增资本金后留存的法定盈余公积金不得低于注册资本的25%。

（3）提取任意盈余公积金。任意盈余公积金的计提标准由股东大会确定（如5%），如确有需要，经股东大会同意后，也可以用于分配。

（4）向股东（投资者）支付股利（分配利润）。企业以前年度未分配的利润，可以并入本年度分配。

二、账户设置

（一）"利润分配"账户

"利润"账户属于所有者权益类账户。该账户用来核算企业利润的分配（或亏损的弥补）和历年分配（或弥补）后的结余额。年度终了，企业将本年实现的税后净利润转入时，应贷记本账户；如果为亏损总额，则借记本账户；企业按国家规定提留盈余公积金、向股东分发股利、提留部分盈余用作扩大再生产等，都通过借方核算。该账户如果最终余额在贷方，表明企业尚余部分利润未分配；该账户如果最终余额在借方，表明企业处于亏损状态。为详细反映每项利润分配的情况，该账户一般按所分配项目设置"提取盈余公积""应付利润""未分配利润"等明细分类账户，进行明细分类核算。

（二）"盈余公积"账户

"盈余公积"账户属于所有者权益类账户。该账户用来核算企业从净利润中提取的盈余公积的增减变动和结余情况。其贷方登记企业从税后利润（净利润）中提取的盈余公积，借方登记弥补亏损或转增资本而支用的盈余公积，期末余额在贷方，表示结余数额。该账户应按盈余公积的种类（如法定盈余公积、任意盈余公积等）设置明细账，进行明细分类核算。

（三）"应付股利"账户

"应付股利"账户属于负债类账户。该账户用来核算企业经董事会或股东大会决议确定分配给投资者的现金股利或利润。其贷方登记企业按照规定计算的应向投资者分配支付的利润，借方登记企业实际支付给投资者的利润，期末余额在贷方，表示尚未支付的应付股利或利润。企业利润分配核算示例如图6-2所示。

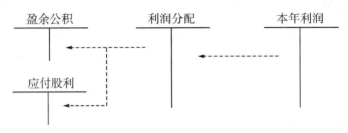

图6-2　企业利润分配核算

三、会计核算

【例6-15】××年12月31日，经核算，企业将本年实现的净利润17万元转入利润分配。

分析：此项经济业务是将本期所实现的利润用于分配，也就是将利润从"本年利润"账户结转到"利润分配"账户。

因此，应编制的会计分录如下：

借：本年利润　　　　　　　　　　　　　　　　　　　　　170 000
　　贷：利润分配——未分配利润　　　　　　　　　　　　　　　170 000

【例6-16】××年12月31日，根据董事会通过的利润分配政策，按全年净利润17万元的10%提取法定盈余公积金，按全年净利润17万元的5%提取任意盈余公积金。

分析：此项经济业务是根据已实现的全年净利润提取法定盈余公积，金额为17 000（170 000×10%）元；提取的任意盈余公积为8 500（170 000×5%）元。

因此，应编制的会计分录如下：

借：利润分配——提取法定盈余公积　　　　　　　　　　　　17 000
　　　　　　　——提取任意盈余公积　　　　　　　　　　　　8 500
　　贷：盈余公积　　　　　　　　　　　　　　　　　　　　　25 500

【例6-17】××年12月31日，根据董事会通过的利润分配政策，决定向投资者分配利润80 000元。

分析：此项经济业务是根据董事会政策向股东分配利润，应作为利润分配的一种方式；同时，股利并不是立即支付给股东，因而会记录为"应付股利"。

因此，应编制的会计分录如下：

借：利润分配——应付股利　　　　　　　　　　　　　　　　80 000

贷：应付股利　　　　　　　　　　　　　　　　　　　　80 000

　　【例6-18】××年12月31日，企业决定以10 000元盈余公积转增资本。

　　分析：此项经济业务的发生，一方面使企业的盈余公积减少10 000元，应计入"盈余公积"账户的借方；另一方面使企业的资本增加10 000元，应计入"实收资本"账户的贷方。

　　因此，应编制的会计分录如下：

　　借：盈余公积　　　　　　　　　　　　　　　　　　　　10 000
　　　　贷：实收资本　　　　　　　　　　　　　　　　　　　　10 000

主要概念

营业利润　利润总额　净利润　营业外收入　营业外支出

复习思考题

1. 主营业务收入和其他业务收入有什么区别？

2. 什么是营业外收入？什么是营业外支出？二者之间存在配比关系吗？

3. 反映企业利润信息的指标有哪些？如何计算？

4. 如何区分"税金及附加"与"所得税费用"？

5. 企业应当如何进行利润分配？会计处理应该注意些什么？

巩固练习

一、单项选择题

1. 企业利润分配中以下项目的分配顺序为（　　　　）。

①提取任意盈余公积　②弥补亏损　③提取法定盈余公积　④向投资者分配利润

　　A. ②→③→①→④　　　　　　　　　B. ①→②→③→④

　　C. ③→①→②→④　　　　　　　　　D. ②→①→③→④

2. 某企业年初未分配利润为10 000元，当年实现净利润40 000元，按15%的比例提取盈余公积金。该企业可供投资者分配的利润为（　　　　）元。

　　A. 50 000　　　　　　　　　　　　　B. 44 000

　　C. 42 500　　　　　　　　　　　　　D. 34 000

3. "本年利润"账户年内的借方余额表示（　　　　）。

　　A. 利润分配额　　　　　　　　　　　B. 未分配利润额

　　C. 净利润额　　　　　　　　　　　　D. 亏损额

4. 下列费用中，企业利润核算不涉及的是（　　　　）。

　　A. 制造费用　　　　　　　　　　　　B. 财务费用

C. 管理费用   D. 销售费用

5. 某企业本期营业利润为 100 万元，利润总额为 150 万元，应纳税所得额为 135 万元，按照 25% 的所得税税率计算，本期的净利润为（   ）元。

A. 750 000   B. 1 125 000

C. 1 012 500   D. 1 162 500

二、多项选择题

1. 下列费用中，不能计入当期损益的有（   ）。

A. 财务费用   B. 制造费用

C. 销售费用   D. 生产成本

E. 管理费用

2. 盈余公积的使用包括（   ）。

A. 转增资本   B. 弥补亏损

C. 分配红利   D. 偿还债务

E. 发放股利

3. 以下业务中，可计入营业外收入的是（   ）。

A. 出租固定资产的收益   B. 出售无形资产的收益

C. 教育费附加返还款   D. 股票市场溢价

E. 罚款收入

4. 以下项目中，一定会引起本年利润增加的是（   ）。

A. 主营业务收入   B. 其他业务收入

C. 营业外收入   D. 投资收益

E. 公允价值变动损益

5. 以下项目中，可以计入管理费用的是（   ）。

A. 董事会成员薪酬   B. 行政部门设备修理费

C. 财务部门低值易耗品摊销   D. 工会经费

E. 盘亏的库存现金

三、判断题

1. 利润总额扣除所得税费用后的利润为净利润，也称为税后利润。 （   ）

2. 营业外收入对营业利润没有影响。 （   ）

3. 固定资产折旧应计入管理费用。 （   ）

4. 企业所得税通常是按月计算的，分期预缴。 （   ）

5. 企业向银行借款而支出的利息必须全部计入财务费用。 （   ）

四、业务题

本企业 ×× 年 12 月份发生的部分经济业务如下：

1. 发生确实无法偿还的应付账款一笔，金额为 3 000 元，经批准转作营业外收入。

2. 因销售产品出借给大华公司包装物一批，收取大华公司交来的包装物押金590元，存入银行。

3. 大华公司因将包装物丢失，未能返还包装物，没收其全部押金590元。

4. 出售多余甲材料一批，取得价款收入1 500元，收取销项税195元，存入银行。

5. 结转上述甲材料的销售成本，其账面价值为1 000元。

6. 以现金支付出售甲材料的搬运费120元。

7. 出售专利权一项，取得价款收入1 000元，存入银行。该专利权的账面价值为600元。

8. 接银行通知，已收取出租固定资产的租金收入850元。

9. 企业因火灾造成乙材料净损失7 200元。

10. 以银行存款支付违约罚款500元。

11. 收到股利收入2 000元，存入银行。

12. 30日，结转本月实现的有关收入及费用。假设12月末，各有关损益类账户的本月发生额如下：

主营业务收入85 000元　　主营业务成本48 000元　　　销售费用4 200元

税金及附加1 500元　　　管理费用1 300元　　　　　财务费用800元

营业外收入3 600元　　　营业外支出9 000元　　　　其他业务收入4 200元

其他业务成本3 000元　　投资收益（贷方）2 000元

13. 按以上利润总额的25%计提本月应交所得税。

14. 结转所得税到"本年利润"账户。

15. 假设12月初，"本年利润"账户的贷方余额为250 000元。按当年净利润的10%的比例提取法定盈余公积金。

16. 按当年净利润的50%的比例向投资者分配利润。

要求：根据上述资料编写会计分录。

第七章

资金退出业务的核算

学习目标

1. 掌握：企业资金退出业务核算设置的账户及其用途和结构，资金退出业务相关会计分录的编制。
2. 理解：融资成本、应纳税额的意义。
3. 了解：企业通过权益和债务的融资成本的比较。

基于各种各样的原因，企业的资金有一部分将不能参加下一轮的周转，这时候会按照一定的顺序使资金退出企业，如向银行支付利息、向税务机关缴纳税金等业务涉及的资金就会退出企业。

资金退出业务会涉及企业货币资金的减少，但并不是所有的货币资金减少都是资金退出业务。资金退出业务所核算的是不再参与企业以后的周转活动的资金，支付融资成本、支付应纳税金是典型的资金退出业务。

一、支付融资成本

在本书前面的筹资业务核算中，我们已经知道债务、权益是企业筹集资金的两大渠道。筹资是要付出代价的，当企业向债权人借入资金，就需要承诺支付利息；当企业向股东融入资金，就需要支付股利并让股东享有经营决策权。这就会引起资金退出企业的业务。

当借款到期需要企业进行偿还时，企业需要根据当时借款合同的相关规定，用货币资金归还借款的本金和相应的利息。这种业务的发生，一般都会使企业资产减少，同时还会使企业负债减少。

企业在生产经营中取得利润后，根据协议的规定应该向投资者分配利润，即满足投资者的要求权，这也是企业的一种责任和义务。这样一来，就会使资金从企业退出，从而减少企业的资金。但需要注意的是，这种资金的减少并不是因为企业向投资者归还其投入的本金，而是投资者分配其投入资金在企业生产经营过程中的增值。

二、支付应纳税金

企业在整个生产经营过程中，应当遵循国家相关税收法规的规定，依法及时向国家税务机关缴纳各种税金，其过程一般为企业先根据税法规定计算出应纳税额，然后按照计算出的应纳税额将资金支付给相关税务部门。在有些情况下，企业也可能在确定应纳税额之前先向税务部门预缴现金。

三、核算方法

【例7-1】上年12月10日借入的短期借款10万元，根据借款合同约定，年利率为3%，一次性还本付息；本年6月10日到期，企业一次性偿还本金和利息。

分析：此项经济业务是企业借入款项以后的还款事项，应当支付给银行的金额包括本金10万元，半年的利息为1 500（100 000×3%×0.5）元。此前每月已计提相关的财务费用，参见例6-6。

因此，应编制的会计分录如下：

借：短期借款   100 000
  应付利息   1 500
 贷：银行存款   101 500

【例7-2】××年2月3日，西瓜籽公司以银行存款8万元支付投资者利润。

分析：此项经济业务是企业在宣告发放股利之后实际支付股利的业务，将引起银行存款和应付股利的减少。此前业务参见例6-17。

因此，应编制的会计分录如下：

借：应付股利   80 000
 贷：银行存款   80 000

【例7-3】假设西瓜籽公司以银行存款上缴企业所得税95 000元、增值税80 000元、城市维护建设税7 580元和教育费附加1 840元。

分析：此项经济业务的发生，一方面使企业的应交税费（负债）减少，应登记在"应交税费"账户的借方；另一方面使银行存款减少，应登记在"银行存款"账户的贷方。

因此，应编制的会计分录如下：

借：应交税费——应交所得税   95 000
     ——应交增值税   80 000
     ——应交城市维护建设税   7 580
     ——应交教育费附加   1 840
 贷：银行存款   184 420

主要概念

应付利息　应付股利　应交税费

 复习思考题

1. 筹集资金的不同方式对应什么筹资成本？

2. 企业缴税的税款包括哪些类别？

3. 企业的分红政策如何确定？

4. 长期借款和短期借款偿还利息的方式有什么异同？

 巩固练习

一、单项选择题

1. 影响企业长期负债的项目是（　　　）。

　　A. 财务费用　　　　　　　　　　B. 利息支出

　　C. 长期借款　　　　　　　　　　D. 短期借款

2. 企业依法纳税会引起（　　　）。

　　A. 资产增加　　　　　　　　　　B. 资产减少

　　C. 收入增加　　　　　　　　　　D. 收入减少

3. 企业宣告发放股利时的会计核算涉及（　　　）账户。

　　A. "应付股利"　　　　　　　　　B. "应付利息"

　　C. "财务费用"　　　　　　　　　D. "管理费用"

4. 根据税法的规定以应纳税所得计算出的税收是（　　　）。

　　A. 增值税　　　　　　　　　　　B. 消费税

　　C. 印花税　　　　　　　　　　　D. 所得税

5. 以下项目中，不可用于偿还债务的是（　　　）。

　　A. 银行存款　　　　　　　　　　B. 库存现金

　　C. 应付股利　　　　　　　　　　D. 原材料

二、多项选择题

1. 长期借款的用途包括（　　　）。

　　A. 构建长期资产　　　　　　　　B. 扩大生产规模

　　C. 开发无形资产　　　　　　　　D. 生产备用金

　　E. 偿还当期债务

2. 企业向股东分派红利的方式包括（　　　）。

　　A. 派发现金股利　　　　　　　　　B. 派发新股

　　C. 盈余公积金转增资本　　　　　　D. 优先股转普通股

　　E. 普通股转优先股

3. 企业的应交税费一般会设置的明细科目包括（　　　）。

　　A. 应交增值税　　　　　　　　　　B. 应交所得税

　　C. 应交消费税　　　　　　　　　　D. 应交车船税

　　E. 应交营业税

4. 长期借款的利息偿还可以选择（　　　）。

　　A. 到期一次性偿还　　　　　　　　B. 按月分期偿还

　　C. 按季分期偿还　　　　　　　　　D. 按年分期偿还

　　E. 按月付息到期还本

5. 企业向金融机构形成的筹资包括（　　　）。

　　A. 短期借款　　　　　　　　　　　B. 长期借款

　　C. 应付账款　　　　　　　　　　　D. 应付债券

　　E. 其他应付款

三、判断题

1. 利润分配引起的资金减少是因为向投资者归还了投入的本金。　　　　　（　　）

2. 增值税的税率包括13%和9%两档。　　　　　　　　　　　　　　　　（　　）

3. 企业所得税是国家财政收入最主要的来源。　　　　　　　　　　　　（　　）

4. 企业偿还长期借款时必须将本金和利息同时归还。　　　　　　　　　（　　）

5. 如果无法偿还到期贷款，企业可以向银行申请延期。　　　　　　　　（　　）

四、业务题

本企业××年12月份发生的部分经济业务如下：

1. 企业向银行申请6个月期限的借款200 000元，银行已完成贷款审批并支付到企业账户。

2. 企业向银行申请了用于固定资产改良的两年期专项贷款500 000元，银行已完成贷款审批并支付到企业账户。

3. 提取本月贷款利息费用合计35 000元。

4. 企业宣告发放现金股利500 000元。

5. 向银行支付利息费用共计55 000元。

6. 向股东支付现金股利500 000元。

7. 向税务机关缴纳所得税52 000元.

8. 向税务机关缴纳增值税24 000元。

要求：根据上述资料编写会计分录。

第八章

财产清查

学习目标

1. 掌握：财产清查的基本方法，财产清查结果所涉及的账务处理，银行存款余额调节表的填制。

2. 理解：全面理解财产清查的意义、种类、组织方式方法，财产物资的盘存制度。

3. 了解：清查货币资金、实物资产、往来款项的差异。

第一节　财产清查概述

一、财产清查的概念

财产清查是指对各项财产物资进行实地盘点和核对，查明财产物资、货币资金和结算款项的实有数额，确定其账面结存数额和实际结存数额是否一致，以保证账实相符的一种会计专门方法。

在日常的会计核算中，虽然会计人员严格按规范的程序和方法对经济活动所引起的各项财产物资的增减变化已经做了全面、连续、系统、综合的记录和反映，但是在实际工作中，可能会有种种原因导致各项财产物资的账面结存数与实际结存数之间产生差异，造成账实不符。主要原因有：财产物资收发时，由于计量或检验不准确，造成品种、数量或质量上的差错；财产物资发生其他变动时，由于手续不健全或制度不严密而发生计算上或登记上的错误，如凭证或账簿中出现漏记、重记、错记或计算错误；管理不善或责任者的过失造成财产物资毁损、短缺等；在财产物资保管过程中发生自然损耗或遭受自然灾害造成财产物资损失；不法分子贪污盗窃、营私舞弊造成财产物资损失；在结算过程中，由于未达账项等原因造成的往来单位之间的账不符等。因此，为了保证会计账簿记录真实、可靠，掌握财产物资的真实情况，就需要各个单位在编制会计报表以前，对各项财产物资进行清查，做到账实相符。

财产清查是会计核算的专门方法之一，其作用主要体现在以下三个方面：

第一，保证会计核算资料的准确和真实。在财产清查中，通过对各项财产物资的实地盘点和结算款项的核对，查明实存数与账存数之间的差异以及产生差异的原因和责任，并按规定的程序和手续及时调整账面记录，使账实相符，从而保证会计核算资料的准确、真实可靠，提高会计信息质量。

第二，检查内部会计监督制度是否有效。财产清查是内部牵制制度的一个部分，目的在于定期确定内部牵制制度的执行是否有效。通过财产清查，建立健全财产物资保管的岗位责任制，查明各项财产物资的保管情况，查明各项财产物资的储备和利用情况等，如有保管和储存毁损、变质、超储、积压等问题，通过财产清查，可以及时采取措施，堵塞漏洞，加强管理，建立健全有关内部牵制制度，确保财产物资的安全、完整和有效使用。

第三，促进资金加速周转。通过财产清查，特别是对债权债务的清查，可以促进其及时结算，及时发现坏账并予以处理。同时，可以及时发现企业财产物资超储、积压、占用不合理等情况，以尽早采取措施利用或处理，促进企业合理使用资金，加速资金周转。

二、财产清查的种类

（一）按照对象和范围分类

财产清查按照对象和范围分类，可以分为全面清查和局部清查。

（1）全面清查是对全部财产进行盘点和核对。全面清查的对象归纳起来主要有货币资金，实物资产，债权、债务结算款项等。一般在年终决算、单位撤销、单位合并、单位改变隶属关系、合资或联营、单位主要负责人调动等情况下需要做全面清查，从而有助于明确财产物资的具体状况并确定对应的经济责任。

（2）局部清查是指根据需要对某一部分特定的财产物资进行的清查。局部清查的对象主要是流动性比较大、比较容易出现问题的财产。局部清查一般涉及库存现金、银行存款、存货类等。

（二）按照清查时间分类

财产清查按照时间分类，可以分为定期清查和不定期清查。

（1）定期清查是根据管理制度的规定或预先计划安排的时间，对财产所进行的清查。定期清查一般在年度、季度、月份、每日结账时进行。

（2）不定期清查是根据需要进行的临时清查，如合资、兼并、发生意外灾害事故等的时候，就需要对相关的财产物资进行清查。

（三）按照实施主体分类

财产清查按照实施主体分类，可以分为外部清查和内部清查。

（1）外部清查是企业委托外部人员实施的财产清查。

（2）内部清查是企业组织内部各部门人员实施的财产清查。

第二节 财产物资的盘存制度和财产清查的组织

一、财产物资的盘存制度

财产物资的盘存制度分为永续盘存制和实地盘存制两种。

（1）永续盘存制又称为账面盘存制，是指对财产物资的增加数和减少数，每一笔都必须根据会计凭证，按其发生的顺序，逐笔、连续地在财产物资明细账中进行登记，并随时在账面上结出结存数额的盘存制度。这种盘存制度下的期末余额的计算公式为

$$期末余额＝期初余额＋本期增加数－本期减少数$$

（2）实地盘存制是指对各种财产物资，日常核算在账簿上只登记增加数，不登记减少数，期末进行实地盘存确认期末余额，再倒轧出减少数并据以登记有关账簿的盘存制度。这种盘存制度下的期末减少数的计算公式为

$$本期减少数＝期末余额－期初余额＋本期增加数$$

实地盘存制相比于永续盘存制，日常核算比较简单，但手续不严密，反映的数据也不够精确，不利于加强财产物资的管理和安全保护。因此，实地盘存制一般是用于价值较低、品种较杂、损耗大、价格不稳定的商品，除此以外的其他情况一般不采用。

二、财产物资的盘存制度和财产清查的组织

财产清查是一项极其复杂而又细致的工作，涉及面比较广，工作量比较大，因此，必须有计划、有组织地安排和实施。财产清查的组织主要是指财产清查前的各项准备工作，包括组织准备和业务准备。

（一）组织准备

组织准备是指为了财产清查成立专门的工作组织。清查组织一般是在企业主管部门或总会计师的领导下，由会计部门牵头，成立包括行政、生产、设备、技术、仓库等各部门参加的财产清查领导小组，负责财产清查的各项组织工作。

（1）财产清查工作组需要在清查前制订计划，确定清查的范围和对象，安排清查工作的时间、人手及初步确定方法。

（2）在清查的具体过程中，清查小组应做好具体的组织协调、检查督促工作，及时处理出现的问题，确保清查工作顺利进行。

（3）在清查工作结束后，及时将清查结果和处理意见上报单位领导和有关部门审批。

（二）业务准备

业务准备是指会计部门和其他部门为了做好财产清查工作所做的各项具体准备工作。业务准备主要包括以下五项内容：

（1）会计部门严格按照记账程序将各类账簿登记完整，为账实核对提供账存数。

（2）仓储保管部门登记好所负责的各类财产物资明细账，结出余额。同时，将仓库的物资按照规范整理、堆放，以便现场盘点。

（3）货币资金的管理人员需要将对账单、函证材料准备妥当。

（4）应准备好必要的计量器具，进行检查和校正，保证计量的准确性。

（5）应印制好各类清查登记需要用到的表单，如存货盘存表、现金盘点报告表、账存实存对比表等。

第三节　财产清查的方法

本节主要介绍库存现金、银行存款、实物资产、往来款项的清查。

一、库存现金的清查

库存现金的清查使用实地盘点法完成，通过实地盘点确定现金的实存数，然后与库存现金日记账的账面余额进行比对，查明账实是否相符以及具体的盘盈或盘亏情况。盘盈是指实存数大于账存数，也称为"长款"；盘亏是指实存数小于账存数，也称为"短款"。在对库存现金进行实地盘点时，出纳人员必须在场。借条、收据等不能视为现金。盘点结束后，应编制库存现金盘点报告表，由盘点人员、出纳人员及负责人签字或盖章。该盘点报告表是反映库存现金实有数和调整账簿记录的重要原始凭证，其格式见表8-1。

表8-1　库存现金盘点报告表

单位名称：　　　　　　　　　　　　　　　　　　　　　　　　　　　年　月　日

实存金额	账存金额	对比结果		备注
		盘盈	盘亏	

负责人签章：　　　　　　　　盘点人签章：　　　　　　　　出纳员签章：

二、银行存款的清查

银行存款的清查是通过核对企业银行存款日记账和开户银行对账单之间的账目来进行的。银行存款的账存数依据企业银行存款日记账的期末余额确定，实存数依据开户银行对账单的期末余额确定。因此，在核对账目之前，应确保记账的正确性和完整性，排除错记、漏记等情况。除记账有误导致的银行存款日记账与对账单不一致外，未达账项也会造成二者余额的不一致。未达账项是指单位与开户银行双方之间由于结算凭证传递存在时间差，造成一方已经登记入账，而另一方尚未收到结算凭证因而尚未入账的款项。

未达账项有四种情况，见表8-2。

表 8-2　未达账项的类别及说明

序号	类别	示例
1	企业已增加银行未增加	企业将销售产品收到的支票送存银行，根据银行盖章退回的"进账单"回单联登记收款入账；而银行要等款项收妥后才能记账，此时，银行尚未收款入账
2	企业已减少银行未减少	企业开出一张支票购买办公用品，企业根据支票存根、发票及入库单等凭证，登记付款入账；而此时持票人尚未将支票交付银行，因而尚未登记付款入账
3	银行已增加企业未增加	外地某单位给企业汇来销货款，银行收到汇款后登记入账，而企业尚未收到汇款凭证，因而尚未登记入账
4	银行已减少企业未减少	银行在期末将短期借款利息划出，已付款入账，而企业尚未接到付款通知，因而尚未付款入账

　　未达账项的存在将会引起企业和开户银行关于存款业务的记账出现差异，这并不是错账。将未达账项调整为"已记账"的状态才能保证企业与银行所记录的业务是一致的，在此基础上再进行账存数和实存数的比对才有意义。实务中，通常采用银行存款余额调节表对未达账项进行调整处理。

　　银行存款余额调节表的格式见表 8-3。表的左边是以企业银行存款日记账余额为起点，经过企业的未达账项调整后得到的余额；表的右边是以银行对账单的余额为起点，经过银行的未达账项调整后得到的余额。实务操作中，需要先确认企业和银行分别存在哪些未达账项以后，再将金额登记到对应的表格位置中，通过计算得到调整后的余额，核对银行存款日记账余额与银行对账单余额是否一致。

表 8-3　银行存款余额调节表

　　　　　年　　月　　日　　　　　　　　　　　　　　　单位：元

项目	金额	项目	金额
企业银行存款日记账余额		银行对账单余额	
加：银行已收企业未收款入账账项		加：企业已收银行未收款入账账项	
减：银行已付企业未付款入账账项		减：企业已付银行未付款入账账项	
调整后的存款余额		调整后的存款余额	

　　【例 8-1】××年 10 月，清查小组通过与开户银行转来的对账单进行银行存款核对。银行对账单上的余额为 500 000 元，而企业账上记录的银行存款余额为 320 000 元。经查，存在以下未达账项：

　　（1）企业支付房租 100 000 元，已开出支票编制凭证登记入账，银行尚未处理。

　　（2）银行通过小额支付渠道划扣企业水电费 5 000 元，企业尚未处理。

　　（3）企业收到转账支票一张，系上月某公司赊销产品的金额 55 000 元，尚未到银行办理手续。

　　（4）银行借给企业的资金 140 000 元已到账，企业尚未处理。

　　根据以上信息编制银行存款余额调节表（见表 8-4）。

表 8-4　银行存款余额调节表

××年 10 月 31 日　　　　　　　　　　　　　　　　　单位：元

项目	金额	项目	金额
银行存款日记账余额	320 000	银行对账单余额	500 000
加：银行已收企业未收	140 000	加：企业已收银行未收	55 000
减：银行已付企业未付	5 000	减：企业已付银行未付	100 000
调节后的存款余额	455 000	调节后的存款余额	455 000

此外，还应注意，银行存款余额调节表不是更改账簿记录的凭证。它的作用一方面是作为核对银行存款记录正确与否的工具，另一方面是调整后的余额才是企业真正可以使用的银行存款数额。因此，银行存款余额调节表不是原始凭证，不可以作为企业银行存款核算的依据。

三、实物资产的清查

实物资产的清查包括财产物资实物质量的检查和实物数量的清查两个方面。各种实物资产因其存在形态、体积重量、保存方式等不尽相同，因而所采用的清查方法也不同，对于实物质量的检查方法，可以根据不同实物，采用物理方法或化学方法等来检查。实物数量的清查方法，常用的有以下三种：

（1）实地盘点法。在财产物资存放的实地现场对其逐一清点数量或用计量器具确定实存数量。这种方法适用范围较广，大多数财产物资都可以采用这种方法。如出纳对库存现金的清查、仓库保管人员对库存商品的清点等。

（2）技术推算盘点法。利用量方、计尺等技术方法，确定财产物资的实存数量。这种方法适用于那些成堆的、难以逐一清点的财产物资，一般通过量方、计尺、数学推算等方法确定其实存数量。

（3）抽样盘点法。抽样盘点法本质上也是实地盘点法，但对于列入检查范围的物资较多时，可以抽取一部分收发频繁、容易流失的物资进行盘点的方法。这种方法适用于单位价值较低、已经包装好的材料和产成品物资等。

财产物资盘点以后，如实登记"盘存表"，并由盘点人员、财产物资的保管人员及有关责任人签名或盖章，以明确经济责任。根据盘存表的信息，进一步填制"账存实存对比表"，据此调整账簿记录。盘存表和账存实存对比表的格式分别见表 8-5、表 8-6。

表 8-5　盘存表

单位名称：　　　　　　　　　　　　　　　　　盘点时间：

财产类别：　　　　　　　　存放地点：　　　　编号：

序号	名称	规格型号	计量单位	实存数量	单价	金额	备注

表8-5（续）

序号	名称	规格型号	计量单位	实存数量	单价	金额	备注

盘点人签章：　　　　　　　　　　　　　　　　　实物保管人签章：

表 8-6　账存实存对比表

单位名称：　　　　　　　　　　　　　　　　　　　盘点时间：

财产类别：　　　　　　　　　　存放地点：　　　　　编号：

序号	名称	规格型号	计量单位	单价	实存		账存		实存账存对比				备注
					数量	金额	数量	金额	盘盈		盘亏		
									数量	金额	数量	金额	
金额合计													

单位负责人签章：　　　　　　　　　　　　　　　制表人签章：

四、往来款项的清查

对于应收账款、应付账款、预收账款以及预付账款等进行的清查，一般采用函证核对方法进行，即在检查本单位各项往来结算账目正确、完整的基础上，编制"往来款项对账单"，送往对方单位进行账目核对。该对账单一式两联，其中一联作为回单联，对方单位核对相符后，在回单联上加盖公章退回，表示已核对；如果发现数字不符，对方单位应在对账单中说明情况，或另抄对账单退回本单位。对数字不符的情况，需要进一步查明原因，再行核对。

往来款项对账单的格式见表8-7。

表 8-7　往来款项对账单

××单位：
你单位××年×月×日到我公司购买……货款××元尚未支付，请在核对后将回单联寄回。
清查单位：（盖章）
×年×月×日
沿此虚线裁开，将以下回单联寄回！

××单位：
你单位寄来的"往来款项对账单"已收到，经核对相符无误。
××单位：（盖章）
×年×月×日

第四节　财产清查结果的处理

财产清查的结果有三种：盘盈、盘亏、账实相符。财产清查结果的处理一般指的是对账实不符（盘盈或盘亏）情况的处理，但也可以指对账实相符但存在财产物资发生变质、霉烂及毁损等情况进行的处理。

一、财产清查结果的处理程序

财产清查过程发现的问题和漏洞，要搜集相应的证据，如实反映账实不符的具体情况，分析原因并提出改进建议。财产清查不仅要做到会计上的处理，也要从企业管理的角度思考问题，根据财产清查的结果，积极改善物资的保管条件，优化管理流程和人员配置，明确岗位职责，提高管理水平。

（一）财产清查的会计处理

具体到会计上对账实不符的账务处理，主要有以下两步：

第一步，报告批准前，根据有关盘存结果调账，使账实相符。即根据已查明属实的财产盘盈、盘亏或毁损的数字，编制"实存账存对比表"，填制记账凭证，据以登记账簿，调整账簿记录，使各项财产物资的账存数与实存数一致。在做好上述账簿调整工作后，将其结果报送有关领导和部门批准。

第二步，报告批准后，根据有关领导和部门批复的意见进行账务处理，编制记账凭证，登记有关账簿并追回由责任人原因造成的损失等。

（二）账户设置

为了核算和监督企业在财产清查中查明的财产物资的盘盈、盘亏与毁损情况以及处理结果，应设置"待处理财产损溢"账户。该账户的借方登记待处理财产的盘亏和毁损数以及盘盈财产批准后的转销数，贷方登记待处理财产的盘盈数以及盘亏、毁损财产批准后的转销数。余额如果在借方，表示尚待处理的财产盘亏数大于盘盈数的差额；余额如果在贷方，表示尚待处理的财产盘盈数大于盘亏数的差额。该账户可按盘盈、盘亏的资产种类和项目设置明细账，进行明细分类核算，见图8-1。

借　　　　待处理财产损溢　　　　贷
盘亏时调整处理　　　　　盘盈时调整处理
盘赢核销　　　　　　　　盘亏核销

图8-1　"待处理财产损溢"账户的基本结构

二、存货清查结果的账务处理

存货的盘盈，一般是由于收发计量或会计核算差错造成的，处理方法通常是冲减管理费用。

存货的盘亏，有很多原因，既可能是自然损耗也可能是人为过失或意外灾害等，对于不同的原因，会计处理会有所区别。自然损耗经批准可以计入管理费用；人为过失应当追究责任获得赔偿，可以计入其他应收款；对于自然灾害，若有保险公司赔偿则计入其他应收款，若由企业自己承担则可计入营业外支出。

【例 8-2】西瓜籽公司在进行存货清查时，发现某原材料盘盈 1 000 千克，该材料单价为 70 元/千克。

报批前的会计核算：

借：原材料   70 000

   贷：待处理财产损溢   70 000

报批后的会计核算：

借：待处理财产损溢   70 000

   贷：管理费用   70 000

【例 8-3】西瓜籽公司在进行存货清查时，发现某库存商品短缺 500 件，该商品单价为 20 元/件。经查实，该短缺存在多种原因：库管人员的责任造成 100 件产品损毁；储存过程合理消耗 100 件产品；工作人员经挑选整理，又收回了 50 件；其他属于非正常损失。

报批前的会计核算：

借：待处理财产损溢   10 000

   贷：库存商品   10 000

报批后的会计核算：

借：其他应收款——库管人员   2 000

     管理费用   2 000

     库存商品   1 000

     营业外支出   5 000

   贷：待处理财产损溢   10 000

三、固定资产清查结果的账务处理

固定资产的盘盈，作为前期差错处理。企业盘盈的固定资产，在按管理权限报经批准处理前应先通过"以前年度损益调整"账户核算。盘盈的固定资产，企业应按有关规定确定其入账价值，借记"固定资产"账户，贷记"以前年度损益调整"账户。

固定资产的盘亏，应先通过"待处理财产损溢"账户核算，同时要及时查明原因，写出书面报告，并根据企业的管理权限，经股东大会或董事会等类似机构批准后，在期末结账前报告处理完毕。盘亏或毁损的固定资产，在减去过失人或者保险公司等赔款和残料价值之后，计入当期营业外支出。如果盘亏或毁损的固定资产在期末结账前尚未得到批准，在对外提供财务会计报告时应按上述规定进行处理，并在会计报表附注中作出说明。

【例8-4】西瓜籽公司在进行财产清查时，发现一台设备未入账。该设备市场重置价为 100 000 元，根据其新旧程度判定折旧应该为 20 000 元。

借：固定资产	80 000
贷：以前年度损益调整	80 000

【例8-5】西瓜籽公司在进行财产清查时，发现盘亏设备一台。该设备原值 100 000 元，已计提折旧 50 000 元。经查实，发现设备盘亏的原因是意外事故，中国人民保险公司对此赔偿 30 000 元，经调查及协商后由过失人张三赔偿 10 000 元。

报批前的会计核算：

借：待处理财产损溢	50 000
累计折旧	50 000
贷：固定资产	100 000

报批后的会计核算：

借：其他应收款——人保公司	30 000
——张三	10 000
营业外支出	10 000
贷：待处理财产损溢	50 000

四、往来款项清查结果的账务处理

在财产清查中，发现长期挂账的往来款项应及时清理。对于经查明确实无法收回的应收款项或无法支付的应付款项，按规定程序报经批准后，应分不同情况进行核销。

对于应收账款，经查明确实无法收回的，可以通过直接转销法或者备抵法进行处理。对于确实无法偿还的应付款项，一般转作营业外收入。

【例8-6】西瓜籽公司在进行财产清查时，经查实，应收红光公司货款 5 000 元，经催收收回了 2 000 元，其余款项无法收回。

收回的款项应处理为

借：银行存款	2 000
贷：应收账款——红光公司	2 000

无法收回的 3 000 元可以按不同的方法处理。

直接转销法：

借：资产减值损失	3 000
贷：应收账款——红光公司	3 000

备抵法：

借：坏账准备	3 000
贷：应收账款——红光公司	3 000

【例8-7】西瓜籽公司在进行财产清查时，经查实，应支付蓝光公司货款 10 000 元，对方单位已撤销，确实无法偿还，经批准将该款项转为营业外收入。

借：应付账款——蓝光公司	10 000
贷：营业外收入	10 000

主要概念

财产清查　永续盘存制　实地盘存制　实地盘点法　抽样盘点法　技术推算法未达账项　银行存款余额调节表　盘盈　盘亏　长款　短款

 复习思考题

1. 财产清查的概念是什么？企业为什么要进行财产清查？

2. 永续盘存制和实地盘存制分别有什么优缺点？

3. 未达账项是什么？产生未达账项的原因是什么？

4. 如何编制银行存款余额调节表？

5. 财产清查可能出现的结果有哪些？各种情况应如何处理？

 巩固练习

一、单项选择题

1. 以下情况适合采用局部清查的是（　　）。

    A. 企业年终决算之前进行的清查

    B. 企业清产核资时进行的清查

    C. 企业改组为中外合资企业时进行的清查

    D. 企业更换财产保管人员时的清查

2. 某企业采用实地盘存制管理库存物资，账面期初数为 1 000 元，本期账面增加数为 5 000 元，期末盘点结存数为 3 800 元，则本期应记录的发出数为（　　）元。

    A. 6 000   B. 2 200

    C. 9 800   D. 3 200

3. 对各项资产物资的增减变化，都必须根据凭证逐日逐笔进行连续登记，并随时结出余额的方法是（　　）。

    A. 权责发生制   B. 收付实现制

    C. 永续盘存制   D. 实地盘存制

4. 库存现金清查时对无法查明原因的长款，经批准可记入（　　）。

    A. 其他应收款   B. 其他应付款

    C. 营业外收入   D. 营业外支出

5. 银行存款余额调节表中调节后的金额是（　　）。

    A. 银行的账面余额

    B. 企业在银行的存款账面余额

    C. 企业对账单余额与日记账余额的平均数

D. 企业对账日可以动用的存款实有数额

二、多项选择题

1. 库存现金发生盘亏时的账务处理涉及的会计科目有（　　）。
   A. 库存现金
   B. 管理费用
   C. 其他应收款
   D. 营业外支出
   E. 营业外收入

2. 使企业银行存款日记账余额大于对账单余额的未达账项是（　　）。
   A. 企业销售产品收到对方签发的支票送存银行，银行尚未入账。
   B. 企业签发出支票购买办公用品，银行尚未支付。
   C. 外地企业汇来款项，企业尚未收到汇款凭证。
   D. 银行自动划款支付企业水电费，企业尚未收到付款凭证。

3. 银行存款余额调节表是（　　）。
   A. 调账的原始凭证
   B. 盘存表的表现形式
   C. 起到对账作用
   D. 银行存款清查的工具
   E. 反映单位可以动用的资金数

4. 下列项目中，采用实地盘点法的有（　　）。
   A. 现金的清查
   B. 银行存款的清查
   C. 库存商品的清查
   D. 往来款项的清查
   E. 原材料的清查

5. 核对账目法适用于（　　）。
   A. 固定资产的清查
   B. 银行存款的清查
   C. 短期借款的清查
   D. 预付账款的清查
   E. 应收账款的清查

三、判断题

1. 永续盘存制和实地盘存制都可以直接结算出各项物资的账面结存数。（　　）
2. 从财产清查的对象和范围看，年终决算需进行全面清查。（　　）
3. 对于盘盈或盘亏的财产物资，须在期末结账前账务处理完毕。（　　）
4. 对债权债务应采用询证核对法进行清查。（　　）
5. 技术推算法是指利用技术方法推算财产物资的增减变化额度的方法。（　　）

四、业务题

（一）××年9月30日企业的银行存款日记账的余额为43 500元，银行对账单余额为50 000元，经查有下列未达账项：

（1）银行已代收货款7 000元，收款通知尚未到达企业。

（2）银行代扣电费400元，银行已入账，账单尚未到达企业。

（3）企业9月30日将转账支票6 100元存入银行，银行尚未入账。

（4）企业 9 月 30 日已开出转账支票 6 000 元，银行未入账。

根据上述未达账项，编制银行存款余额调节表。

（二）某企业在进行财产清查时有下列业务：

（1）产成品盘亏 10 件，单价为 500 元，价值 5 000 元。在报经审批后，仓库管理人员承担 2 000 元赔偿，其他为净损失。

（2）发现账外设备一台，重置成本为 30 000 元，折旧额为 12 000 元。

（3）发现甲材料账面余额为 455 千克，价值 19 110 元，盘点实际存量为 450 千克，经查明其中 2 千克为定额损耗，2 千克为日常计量差错，1 千克为保管人员私自送人。

（4）盘亏小型设备一台，原价为 5 200 元，账面已提折旧 1 400 元。经审批，转作营业外支出。

（5）库存现金短款 100 元，由出纳人员承担责任。

（6）因债权单位已撤销，企业有一笔应付账款 30 000 无法支付，经批准作为营业外收入。

（7）因债务单位已撤销，企业有一笔应收账款 20 000 元无法收回，经批准作为资产减值损失处理。

要求：编制以上业务的会计分录。

财务会计报告

第一节 财务会计报告概述

一、财务会计报告的概念

财务会计报告又称为财务报告，是指企业对外提供的反映企业某一特定日期财务状况和某一会计期间经营成果、现金流量及所有者权益变动情况的书面文件。编制财务会计报告，是财务会计工作的重要内容，是对会计日常核算的全面总结，是会计主体提供关于自身信息的重要环节。

作为企业信息披露最重要的方式，财务会计报告的作用主要体现在以下两个方面：

（1）从宏观层面看，财务会计报告有助于国家经济管理部门（如财政、税务、工商、审计等）了解企业的财务状况和经营成果，检查和监督各单位财经政策、法规、纪律、制度的执行情况，更好地发挥国家经济管理部门的指导、监督、调控作用，优化资源配置，保证国民经济持续稳定发展。

（2）从微观层面看，财务会计报告有助于参与社会经济活动的不同主体获取信息并作出最优决策。比如，企业的投资者和债权人通过了解企业的获利能力、偿债能力等信息作出正确的投资决策和信贷决策；企业经营管理人员了解企业各项预定任务的完成情况，评价企业的经营业绩、经营效率等，发现问题及时制定改善方法；企业职工、社会公众、潜在投资者和债权人等微观个体了解企业的重要信息从而作出就业、择业、研究、未来投资等各项决策。

二、财务会计报告的组成

财务会计报告由财务报表、附注及其他资料组成。

（一）财务报表

企业应该对外提供的财务会计报表主表包括资产负债表、利润表、现金流量表和所有者权益变动表。

（1）资产负债表是反映企业在报告期末资产、负债和所有者权益情况的会计报表；

（2）利润表是反映企业在报告期内收入、费用和利润情况的会计报表；

（3）现金流量表是反映企业在报告期内现金流入、现金流出和现金净流量情况的会计报表；

（4）所有者权益变动表是反映企业在报告期内构成所有者权益的各组成部分增减变动情况的会计报表。

除以上财务会计报表外，还有一些根据各行业的特点编制的、用以说明某一方面情况的附表，如资产减值准备明细表、应交增值税明细表等。

（二）附注

附注是财务报表的重要组成部分，企业应当按照规定披露附注信息。企业会计报表附注一般包括以下九项内容：一是企业的基本情况；二是财务报表的编制基础；三是《遵循企业会计准则》的声明；四是重要会计政策和会计估计；五是会计政策和会计估计变更以及前期差错更正的说明；六是报表重要项目的说明；七是或有事项；八是资产负债表日后事项；九是关联方关系及其交易。

（三）其他资料

其他应当在财务报告中披露的相关信息和资料是为了有助于理解与分析会计报表需要说明的其他事项所提供的书面资料，主要说明会计报表及其附注无法揭示或无法充分说明的，对企业财务状况、经营成果、现金流量及所有者权益变动有重大影响的其他事项。

三、财务会计报表的分类

财务会计报表作为财务报告中最重要的部分，通常可以按照其编制时间、编制主体、服务对象等标准进行分类。

（一）按编制时间分类

财务会计报表按照编制时间的不同，可以分为年度财务报表和中期财务报表。

（1）年度财务报表又称为年终决算报表，包括规定对外报送的全部财务会计报表。

年度财务会计报表通常被认为是企业最重要的财务报表，通常需要在满足审计、工商行政等要求之后再披露。

（2）中期财务报表是指以短于一个完整会计年度的报告期间为基础编制的财务报表，包括月度报表、季度报表和半年度报表等。

（二）按编制主体分类

财务会计报表按照编制主体的不同，可以分为个别报表、合并报表和汇总报表。

（1）个别报表是指独立核算单位所编制的财务会计报表。

（2）合并报表是指控股公司将其本身与被投资公司看作一个统一的经济实体而编制的财务会计报表。合并报表反映的是控股公司与被投资公司共同的财务状况和经营成果。

（3）汇总报表是指主管部门或某个行业根据各个单位财务会计报表和自身的报表汇总编制而成的财务会计报表。

此外，有的企业也会在内部按不同的部门编制部门报表。

（三）按服务对象分类

财务会计报表按照服务对象的不同，可以分为外部报表和内部报表。

（1）外部报表是指企业向外部的会计信息使用者报告经济活动和财务收支情况的会计报表。这类报表一般有统一的格式和编制要求，也是我们通常意义上所说的会计报表。我国企业对外报送的财务会计报表，按其反映的经济内容不同，可以分为资产负债表、利润表、现金流量表和所有者权益变动表及相关报表的附注。

（2）内部报表是指用来反映经济活动和财务收支的具体情况，为管理者进行决策提供信息的会计报表。这类报表没有规定的格式和种类，主要服务于企业内部的生产经营管埋等活动。

四、财务会计报表的编制要求

企业应当按照《企业会计准则》《会计基础工作规范》等要求处理财务会计报表相关工作。外部报表应当满足国家统一的格式和编制要求，内部报表可自行规定。财务会计报表的编制要求如下：

（一）真实可靠

财务会计报表应当根据登记完整、核对无误的会计账簿记录和其他有关资料编制，做到数字真实、计算准确、内容完整、说明清楚。任何人不得篡改或者授意、指使、强令他人篡改财务会计报表中的有关数字和内容。

（二）数字衔接

财务会计报表之间、财务会计报表各项目之间，凡有对应关系的数字，都应当保持一致。本期财务会计报表与上期财务会计报表之间有关的数字应当相互衔接。如果不同会计年度财务会计报表中各项目的内容和核算方法有变更，应当在年度财务报表中加以说明。各单位应当按照国家统一会计准则的规定，认真编写财务会计报表附注及其说明，做到项目齐全，内容完整。

（三）编报及时

各单位应当按照国家规定的期限对外报送财务报告。在实际工作中，通常月度财务会计报告应于月度终了后的6日内对外提供（节假日顺延，下同），季度财务会计报告应于季度终了后的15日内对外提供，半年度财务会计报告应于每半年度终了后的60日内对外提供，年度财务会计报告应于年度终了后的4个月内对外提供。单位负责人对财务报告的合法性、真实性负法律责任。

（四）依法审计

根据法律和国家的有关规定应当对财务报告进行审计，财务报告编制单位应当先行委托注册会计师进行审计，并将注册会计师出具的审计报告随同财务报告按照规定的期限报送有关部门。

第二节 资产负债表

资产负债表是指反映企业在资产负债表日（或报告期末）全部资产、负债和所有者权益情况的会计报表。资产负债表是企业主要的财务报表之一，呈现了企业资产、负债和所有者权益三项静态要素的全貌。根据资产、负债、所有者权益的具体情况，可以了解企业的资源分布和来源、资本结构等情况，也可以将相邻会计期间的信息做比对判定各项静态要素的变化趋势，还能据此评价企业的偿债能力、筹资能力和增值能力等。

一、资产负债表的结构与格式

（一）资产负债表的结构

资产负债表的结构原理是会计等式"资产＝负债+所有者权益"，资产负债表中的项目内容见表9-1。

表9-1 资产负债表中的项目内容

资产类	流动资产项目包括"货币资金""交易性金融资产""应收票据及应收账款""预付账款""其他应收款""存货"等。 非流动资产项目包括"债权投资""其他债权投资""长期应收款""长期股权投资""固定资产""无形资产"等。
负债类	流动负债项目包括"短期借款""应付票据及应付账款""预收账款""应付职工薪酬""应交税费""其他应付款"等。 非流动负债项目主要包括"长期借款""应付债券""长期应付款"等。
所有者权益类	所有者权益类项目按其资本来源或永久性程度划分，一般分为"实收资本（或股本）""其他权益工具""资本公积""其他综合收益"。

（二）资产负债表的格式

资产负债表内各项目的排列方式不同，形成了不同的资产负债表格式，主要包括报告式和账户式两种。报告式资产负债表是从前往后依次列示资产、负债、所有者权益，是垂直式的格式；账户式资产负债表是左边列示资产，右边列示负债和所有者权益的格式。虽然资产负债表有不同的格式，但其内容实质上是一致的，"资产＝负债+所有者权益"或"资产-负债＝所有者权益"的数量关系也是一致的。

报告式资产负债表和账户式资产负债表分别见表9-2、表9-3。

表 9-2 资产负债表（报告式）

编制单位：　　年　月　日 　　　　　　　　　　　　　　　　　单位：元

项目	行次	期末余额	年初余额
资产			
流动资产			
非流动资产			
资产合计			
负债			
流动负债			
非流动负债			
负债合计			
所有者权益			
实收资本（或股本）			
资本公积			
未分配利润			
所有者权益合计			

表 9-3　资产负债表（账户式）

编制单位：　　年　月　日 　　　　　　　　　　　　　　　　　单位：元

资产	期末余额	期初余额	负债和所有者权益	期末余额	期初余额
流动资产			流动负债		
…			…		
…			非流动负债		
…			…		
			负债合计		
非流动资产			实收资本（或股本）		
…			资本公积		
…			未分配利润		
			所有者权益合计		
资产合计			负债与所有者权益合计		

二、资产负债表的编制

编制资产负债表时，期初余额可以根据上期末的资产负债表期末余额填列，期末余额则需要依据企业日常核算的结果按照不同的方法进行确定。

（一）根据总账科目余额直接填列

资产负债表中有些项目的"期末余额"可以根据有关总账科目余额直接填列，如"交易性金融资产""短期借款""应付职工薪酬""应交税费""实收资本""资本公积""盈余公积"等项目。在这些项目中，"应交税费"等负债项目，如果其相应科目出现借方余额，应以"-"号填列。

（二）根据总账科目余额计算填列

有些报表项目需要根据若干总账科目余额计算填列，如"货币资金"项目，应根据"库存现金""银行存款""其他货币资金"几个总账科目的期末余额合计数填列。

（三）根据总账科目和明细科目的余额分析计算填列

如"长期借款"项目，根据"长期借款"总账科目期末余额，扣除"长期借款"科目所属明细科目中反映的将于一年内到期的长期借款部分，分析计算填列。

（四）根据若干明细科目余额分析计算填列

报表中有些项目需要根据若干明细科目的余额分析计算填列，如"应付票据及应付账款"项目，应根据"应付票据""应付账款""预付账款"账户所属的相关明细科目的期末贷方余额之和填列；"应付账款""预付账款"账户所属的相关明细科目的期末借方余额之和则应填列在"预付账款"项目；同理，"应收票据及应收账款"项目，应根据"应收票据""应收账款""预收账款"账户所属的相关明细科目的期末借方余额之和填列；"预收账款"项目，应根据"应收账款""预收账款"账户所属的相关明细科目的期末贷方余额之和填列。

（五）根据有关资产科目与其备抵科目抵减后的净额填列

如"无形资产"项目，应根据"无形资产"科目的期末余额减去"累计摊销""无形资产减值准备"等备抵科目期末余额后的金额填列；"应收票据及应收账款"项目的填列，应先计算"应收票据""应收账款""预收账款"科目所属的相关明细科目的期末借方余额合计数，然后减去"坏账准备"科目的期末贷方余额，以应收票据及应收账款净额填列。再如"存货"项目，应以"材料采购""原材料""生产成本""库存商品""材料成本差异"等总账科目的期末余额合计数，减去"存货跌价准备"等科目的期末余额的净额填列。

（六）"未分配利润"项目的特殊处理

"未分配利润"项目的填列需要区分年度报表与中期报告。如果编制的是年度报表，该项目直接以"利润分配——未分配利润"账户的期末余额填列；如果编制的是中期报告，该项目应根据"本年利润"科目余额与"利润分配"科目余额的和或差填列。

三、资产负债表示例

根据西瓜籽公司期末编制的试算平衡表，可以编制资产负债表，如表9-4所示。

表 9-4 资产负债表

编制单位：西瓜籽公司　　　　　　　　××年 12 月 31 日　　　　　　　　　　单位：元

资产	期末余额	年初余额	负债和所有者权益	期末余额	年初余额
流动资产：			流动负债：		
货币资金	17 380	20 378	短期借款	57 886	70 082
交易性金融资产	96 352	105 847	交易性金融负债		
衍生金融资产			衍生金融负债		
应收票据及应收账款	157 896	146 547	应付票据及应付账款	67 534	77 342
预付账款			预收账款		
其他应收款	5 000	4 000	合同负债		
存货	23 896	32 718	应付职工薪酬	72 447	77 934
合同资产			应交税费	2 567	3 840
持有待售资产			其他应付款	2 000	3 000
一年内到期的非流动资产			持有待售负债		
其他流动资产			一年内到期的非流动负债		
流动资产合计	300 524	309 490	其他流动负债		
非流动资产：			流动负债合计	202 434	232 198
债权投资			非流动负债：		
其他债权投资			长期借款	150 000	240 000
长期应收款			应付债券		
长期股权投资			其中：优先股		
其他权益工具投资			永续股		
其他非流动金融资产			长期应付款		
投资性房地产			预计负债		
固定资产	783 570	892 340	递延收益		
在建工程			递延所得税负债		
生产性生物资产			其他非流动负债		
油气资产			非流动负债合计	150 000	240 000
无形资产	45 800	54 000	负债合计	352 434	472 198
开发支出			所有者权益：		
商誉			实收资本（或股本）	600 000	600 000
长期待摊费用	14 667	23 454	其他权益工具		
递延所得税资产			其中：优先股		
其他非流动资产			永续股		

表9-4(续)

资产	期末余额	年初余额	负债和所有者权益	期末余额	年初余额
非流动资产合计	844 037	969 794	资本公积		
			减：库存股		
			其他综合收益		
			盈余公积	93 700	97 800
			未分配利润	98 427	109 286
			所有者权益（合计）	792 127	807 086
资产总计	1 144 561	1 279 284	负债及所有者权益总计	1 144 561	1 279 284

第三节　利润表

利润表是反映企业在一定会计期间经营成果的会计报表。通过提供利润表，可以反映企业在一定会计期间收入、费用、利润（或亏损）的数额及构成情况，为企业外部投资者以及信贷者作出投资决策和信贷决策提供依据，为企业内部管理层的经营决策提供依据，为企业内部业绩考核提供依据。

一、利润表的结构

常见的利润表结构有单步式和多步式两种。

单步式利润表是将当期所有的收入列在一起，然后将所有的费用列在一起，最后得出当期净利润。

多步式利润表是将不同性质的收入和费用进行配比，从而得出不同层级的利润构成数据，便于使用者理解企业经营成果的不同来源。通常会在利润表中表现营业收入、营业利润、利润总额、净利润、其他综合收益、税后净额、综合收益总额、每股收益等信息。

单步式利润表和多步式利润表分别见表9-5、表9-6。

表9-5　利润表（单步式）

编制单位：　　年　月　　　　　　　　　　　　　　　　　　　　单位：元

项目	本期金额	上期金额
一、收入		
营业收入		
投资收益		
营业外收入		
收入合计		
二、费用		

表9-5(续)

项目	本期金额	上期金额
营业成本		
税金及附加		
销售费用		
管理费用		
财务费用		
资产减值损失		
营业外支出		
所得税费用		
费用合计		
三、净利润		

表9-6 利润表（多步式）

编制单位：　　　年　月　　　　　　　　　　　　　　　　　单位：元

项目	本期金额	上期金额
一、营业收入		
减：营业成本		
税金及附加		
销售费用		
管理费用		
研发费用		
财务费用		
其中：利息费用		
利息收入		
资产减值损失		
信用减值损失		
加：其他收益		
投资收益（损失以"-"号填列）		
其中：对联营企业和合营企业的投资收益		
净敞口套期收益（损失以"-"号填列）		
公允价值变动收益（损失以"-"号填列）		
资产处置收益（损失以"-"号填列）		
二、营业利润（亏损以"-"号填列）		
加：营业外收入		
减：营业外支出		

表9-6(续)

项目	本期金额	上期金额
其中：非流动资产处置损失		
三、利润总额（亏损总额以"-"号填列）		
减：所得税费用		
四、净利润（净亏损以"-"号填列）		
（一）持续经营净利润（净亏损以"-"号填列）		
（二）终止经营净利润（净亏损以"-"号填列）		
五、其他综合收益的税后净额		
（一）不能重分类进损益的其他综合收益		
（二）将重分类进损益的其他综合收益		
六、综合收益总额		
七、每股收益		
（一）基本每股收益		
（二）稀释每股收益		

二、利润表的编制

利润表的编制核心是会计等式"收入-费用=利润"，以经济利益的流入扣除经济利益的流出，得到经济利益净增加（减少）额度。如果企业经营有序，经济利益的流入额就会大于流出额；如果企业经营不善，经济利益的流入额就会小于流出额。会计部门一般是定期核算企业的经营成果，并将核算结果编制成利润表。

我国企业利润表选择多步式，主要编制步骤如下：

第一步，以营业收入为基础，减去营业成本、税金及附加、销售费用、管理费用、研发费用、财务费用、资产减值损失，加上其他收益、投资收益（减去投资损失）、公允价值变动收益（减去公允价值变动损失）、资产处置收益及其他收益，计算出营业利润。

第二步，以营业利润为基础，加上营业外收入，减去营业外支出，计算出利润总额。

第三步，以利润总额为基础，减去所得税费用，计算出净利润（或亏损）。

第四步，列示其他综合收益的税后净额。

第五步，以净利润加上其他综合收益的税后净额即为综合收益总额。

第六步，列示每股收益。

利润表各项目均需填列"本期金额"和"上期金额"两栏。其中"上期金额"栏内各项数字，应根据上年该期利润表的"本期金额"栏内所列数字填列。"本期金额"栏内各期数字，应当按照相关科目的发生额分析填列，如"营业收入"项目，应根据"主营业务收入"和"其他业务收入"科目的合计数填列。

三、利润表示例

西瓜籽公司××年度的有关损益类科目全年累计发生净额见表9-7。

表 9-7　损益类科目累计发生净额

科目名称	借方发生额	贷方发生额
主营业务收入		9 875 000
主营业务成本	6 500 000	
税金及附加	15 000	
销售费用	180 000	
管理费用	1 384 000	
财务费用	425 000	
资产减值损失	200 000	
投资收益		215 000
营业外收入		50 000
营业外支出	17 000	
所得税费用	575 750	

根据损益类科目累计发生净额，可以编制出如表9-8所示的利润表。

表 9-8　利润表

编制单位：西瓜籽公司　　　　　　　　　××年×月　　　　　　　　　单位：元

项目	本期金额	上期金额
一、营业收入	9 875 000	
减：营业成本	6 500 000	
税金及附加	15 000	
销售费用	180 000	
管理费用	1 384 000	
研发费用		
财务费用	425 000	
其中：利息费用		
利息收入		
资产减值损失	200 000	
信用减值损失		
加：其他收益		
投资收益（损失以"-"号填列）	215 000	
其中：对联营企业和合营企业的投资收益		

表9-8(续)

项目	本期金额	上期金额
净敞口套期收益（损失以"-"号填列）		
公允价值变动收益（损失以"-"号填列）		
资产处置收益（损失以"-"号填列）		
二、营业利润（亏损以"-"号填列）	1 386 000	
加：营业外收入	50 000	
减：营业外支出	17 000	
其中：非流动资产处置损失		
三、利润总额（亏损总额以"-"号填列）	1 419 000	
减：所得税费用	575 750	
四、净利润（净亏损以"-"号填列）	843 250	
（一）持续经营净利润（净亏损以"-"号填列）		
（二）终止经营净利润（净亏损以"-"号填列）		
五、其他综合收益的税后净额		
（一）不能重分类进损益的其他综合收益		
（二）将重分类进损益的其他综合收益		
六、综合收益总额		
七、每股收益		
（一）基本每股收益		
（二）稀释每股收益		

第四节　现金流量表

现金流量表是指以收付实现制为基础，反映企业在一定会计期间现金及现金等价物流入和流出的会计报表。

需要理解的是，现金流量表所指的"现金"并不是会计科目中的"库存现金"，而是指账簿资料中的库存现金、银行存款、现金等价物等货币资金。现金流量表根据企业在报告期内的现金收支具体情况，从经营活动、投资活动和筹资活动三个方面展示企业的现金流量信息。

与资产负债表和利润表不同，现金流量表主要用于企业所有者和债权人评价企业产生未来现金流量的能力。如果企业能产生正的现金流量，就能保证偿还债务、分配红利、支持投资等。

一、现金流量的基本内容

现金流量表的基本内容包括三个方面：一是经营活动产生的现金流量，二是投资活动产生的现金流量，三是筹资活动产生的现金流量。其中，各类现金流量又分为现金流入量与现金流出量两个部分。

（一）经营活动产生的现金流量

经营活动产生的现金流量是指直接与利润表中本期净利润计算相关的交易及其他事项所产生的现金流入与流出。具体构成项目如下：

经营活动产生的现金流入包括销售商品、提供劳务收到的现金，收到的税费返还，收到的其他与经营活动有关的现金。

经营活动产生的现金流出包括购买商品、接受劳务支付的现金，支付给职工以及为职工支付的现金，支付的各种税费，支付的其他与经营活动有关的现金。

（二）投资活动产生的现金流量

投资活动产生的现金流量通常是指购置与处置非流动资产交易所产生的现金流入与流出。具体构成项目如下：

投资活动产生的现金流入包括收回投资收到的现金，取得投资收益收到的现金，处置固定资产、无形资产和其他长期资产收回的现金净额，收到的其他与投资活动有关的现金。

投资活动产生的现金流出包括购建固定资产、无形资产和其他长期资产支付的现金，投资支付的现金，支付的其他与投资活动有关的现金。

（三）筹资活动产生的现金流量

筹资活动产生的现金流量通常是指与所有者、债权人有关的筹资与交易而产生的现金流入与流出。具体构成项目如下：

筹资活动产生的现金流入包括吸收投资收到的现金、借款收到的现金、收到的其他与筹资活动有关的现金。

筹资活动产生的现金流出包括偿还债务支付的现金，分配股利、利润或偿付利息支付的现金，支付的其他与筹资活动有关的现金。

二、现金流量表的结构

现金流量表最主要的部分是展示经营活动、投资活动、筹资活动三个部分的现金流入和流出。现金流量表的结构如表9-9所示。

表9-9　现金流量表

编制单位：　　　　　　　　　　年　月　　　　　　　　　　单位：元

项目	本期金额	上期金额
一、经营活动产生的现金流量：		
销售商品、提供劳务收到的现金		
收到的税费返还		

表9-9（续）

项目	本期金额	上期金额
收到的其他与经营活动有关的现金		
经营活动现金流入小计		
购买商品、接受劳务支付的现金		
支付给职工以及为职工支付的现金		
支付的各种税费		
支付的其他与经营活动有关的现金		
经营活动现金流出小计		
经营活动产生的现金流量净额		
二、投资活动产生的现金流量：		
收回投资收到的现金		
取得投资收益收到的现金		
处置固定资产、无形资产和其他长期资产收回的现金净额		
处置子公司及其他营业单位收到的现金净额		
收到的其他与投资活动有关的现金		
投资活动现金流入小计		
购建固定资产、无形资产和其他长期资产支付的现金		
投资支付的现金		
取得子公司及其他营业单位支付的现金净额		
支付的其他与投资活动有关的现金		
投资活动现金流出小计		
投资活动产生的现金流量净额		
三、筹资活动产生的现金流量：		
吸收投资收到的现金		
取得借款收到的现金		
收到其他与筹资活动有关的现金		
筹资活动现金流入小计		
偿还债务支付的现金		
分配股利、利润或偿付利息支付的现金		
支付其他与筹资活动有关的现金		
筹资活动现金流出小计		
筹资活动产生的现金流量净额		
四、汇率变动对现金及现金等价物的影响		
五、现金及现金等价物净增加额		

会计原理

表9-9（续）

项目	本期金额	上期金额
加：期初现金及现金等价物余额		
六、期末现金及现金等价物余额		

现金流量表的编制既可以直接以会计记录为基础，也可以在利润表中的营业收入、营业成本等数据的基础上调整而得。现金流量表的具体编制比较复杂，在此不予详述。

第五节　所有者权益变动表

所有者权益变动表是指反映构成所有者权益的各组成部分当期增减变化情况的报表。所有者权益变动表应当全面反映一定时期所有者权益变动的情况，不仅包括所有者权益总量的增减变动，而且包括所有者权益增减变动的重要结构性信息，特别是要反映直接计入所有者权益的利得和损失，让报表使用者准确理解所有者权益增减变动的根源。

一、所有者权益变动表的基本内容

所有者权益变动表主要展示实收资本、资本公积、盈余公积、库存股、未分配利润等构成所有者权益的各项目本期和上期的具体额度及其调整过程，列示出本年金额和上年金额有助于信息使用者了解各项目的变化趋势。所有者权益变动表中还会具体展示本年增减变动的金额，净利润、利得和损失、所有者投入资本、股份支付计入所有者权益的金额、提取盈余公积、提取一般风险准备以及对股东的分配情况。

二、所有者权益变动表的结构

所有者权益变动表的结构如表 9-10 所示。

表 9-10　所有者权益变动表

编制单位：××年度　　　　　　　　　　　　　　　　　　　　　单位：元

项目	行次	本年金额						上年金额					
		实收资本（或股本）	资本公积	盈余公积	未分配利润	库存股（减项）	所有者权益合计	实收资本（或股本）	资本公积	盈余公积	未分配利润	库存股（减项）	所有者权益合计
一、上年年末余额													
加：会计政策变更													
前期差错更正													
二、本年年初余额													
三、本年增减变动金额（减少以"－"号填列）													
（一）净利润													

表9-10（续）

会计原理

· 128 ·

项目	行次	本年金额						上年金额					
		实收资本（或股本）	资本公积	盈余公积	未分配利润	库存股（减项）	所有者权益合计	实收资本（或股本）	资本公积	盈余公积	未分配利润	库存股（减项）	所有者权益合计
（二）直接计入所有者权益的利得和损失													
1. 可供出售金融资产公允价值变动净额													
2. 权益法下被投资单位其他所有者权益变动净额													
3. 与计入所有者权益项目相关的所得税影响													
4. 其他													
上述（一）和（二）小计													
（三）所有者投入和减少资本													
1. 所有者投入资本													
2. 股份支付计入所有者权益的金额													
3. 其他													
（四）利润分配													
1. 提取盈余公积													
2. 提取一般风险准备													
3. 对所有者（或股东）的分配													
4. 其他													
四、本年年末余额													

第六节　财务会计报告的报送与披露

企业应当依照法律、行政法规和《企业会计准则》的有关规定，及时向税务部门、监管机构等报送财务会计报告，及时向投资者、债权人等披露财务会计报告。

企业对外提供的财务会计报告应当具备一定的格式，如依次编定页数，加具封面，装订成册，加盖公章等。封面上应当注明企业名称、企业统一代码、组织形式、地址、报表所属年度或者月份、报出日期，并由企业负责人和主管会计工作的负责人、会计机构负责人（会计主管人员）签名并盖章；设置总会计师的企业，还应当由总会计师签名并盖章。

国务院派出监事会的国有重点大型企业、国有重点金融机构、各地方政府派出监事会的国有企业，应当依法定期向监事会提供财务会计报告。国有企业、国有控股企业、国有股份占主导地位的企业，应当至少每年一次向本企业的职工代表大会公布财务报告，并重点说明管理费用的构成情况、管理人员的工资和福利情况、职工的工资和福利情况、利润分配的情况、内部审计发现的问题和纠正情况、外部审计的情况、国家审计的情况、重大投融资和资产处置决策的情况等。

接受企业财务会计报告的组织或者个人，在企业财务会计报告未正式对外披露前，应当对其内容保密。

 ## 主要概念

财务会计报告　中期财务报表　资产负债表　利润表　现金流量表
所有者权益变动表　财务报表附注

 ## 复习思考题

1. 什么是企业财务报告？
2. 什么是资产负债表？如何编制？
3. 什么是利润表？如何编制？
4. 如何理解财务报表附注？
5. 如何理解现金流量表中的"现金"？

 ## 巩固练习

一、单项选择题

1. 资产负债表中资产的排列顺序是（　　　）。
   A. 流动性强的资产排在前　　　　B. 重要的资产排在前
   C. 收益率高的资产排在前　　　　D. 非货币型资产排在前

2. 利润表中的"本期金额"栏各项目数字是根据损益类账户的（　　　）填列的。
   A. 期初余额　　　　　　　　　　B. 本期发生额
   C. 累计发生额　　　　　　　　　D. 期末余额

3. 我国编制利润表一般采用（　　　）。
   A. 账户式　　　　　　　　　　　B. 报告式
   C. 单步式　　　　　　　　　　　D. 多步式

4. 下列项目中，不属于反映企业财务状况的报表是（　　　）。
   A. 利润表　　　　　　　　　　　B. 资产负债表
   C. 现金流量表　　　　　　　　　D. 所有者权益变动表

5. 下列项目中，影响企业"营业利润"的项目是（   ）。

    A. 所得税费用   B. 营业外收入

    C. 营业外支出   D. 其他业务收入

二、多项选择题

1. 下列项目中，属于反映企业财务状况的报表是（   ）。

    A. 利润表   B. 资产负债表

    C. 现金流量表

    D. 成本报表

    E. 所有者权益变动表

2. 资产负债表中"货币资金"项目包括（   ）。

    A. 库存现金   B. 银行存款

    C. 其他货币资金

    D. 持有短期投资

    E. 交易性金融资产

3. 关于利润表，以下描述正确的是（   ）。

    A. 是企业状况的主要财务报表之一

    B. 可反映一定会计期间的费用消耗情况

    C. 可反映一定会计期间企业收益的流动性

    D. 表中各项目按流动性排序

    E. 以收付实现制为基础编制

4. 下列项目中，应当根据相关科目余额减去备抵科目余额后，计算填列到资产负债表的是（   ）。

    A. 货币资金   B. 应收账款

    C. 存货

    D. 材料采购

    E. 长期借款

5. 下列项目中，影响企业利润表中的"营业利润"项目的有（   ）。

    A. 财务费用   B. 投资收益

    C. 支付的税金滞纳金   D. 罚款收入

    E. 无法查明原因的存货短缺

三、判断题

1. 资产负债表中的各项目是以相关账户的期末余额为基础编制的。   （   ）

2. 利润表中的各项目是以相关账户的期末余额进行计算而编制的。   （   ）

3. 现金流量表的编制基础是收付实现制。   （   ）

4. 财务报表附注信息是否需要披露，由各个会计主体自行确定。   （   ）

5. 计提的各项资产减值准备在资产负债表中均不会单独列项予以反映。 （   ）

四、业务题

（一）某企业××年6月30日主要科目余额如表9-11所示。

表9-11 某企业××年6月30日主要科目余额　　　　　　　　单位：元

科目名称	借方余额	贷方余额
库存现金	5 000	
银行存款	100 000	
应收账款	50 000	
坏账准备		4 000
材料采购	30 000	
原材料	50 000	
生产成本	55 000	
库存商品	82 000	
利润分配	121 500	
本年利润		280 000

要求：

1. 确定资产负债表中"货币资金"项目的数额。

2. 确定资产负债表中"应收账款"项目的数额。

3. 确定资产负债表中"未分配利润"项目的数额。

（二）某企业（一般纳税人）××年7月发生下列经济业务：

1. 销售甲产品10 000件，每件售价为80元，加税款已通过银行收讫。

2. 销售乙产品9 000件，每件售价为40元，卖方承担运费2 000元，相关业务加税款尚未完成结算。

3. 结转已销售的甲、乙两种产品的销售成本。其中，甲产品销售成本为50元/件，乙产品销售成本为20元/件。

4. 签发支票支付本月产品广告费用共计6 000元。

5. 计提本月应缴纳的城市维护建设税4 800元。

6. 职工王某出差归来报销公务差旅费。其中，住宿费为800元，机票等其他费用为3 000元。

7. 以库存现金1 000元支付厂部车间职工的饮用水费用。

8. 收到绿柳公司之前的欠款70 000元并存入银行。

9. 因交易对方违约获得罚款收入6 500元，款项存入银行。

10. 计提本月的借款利息。其中，短期借款利息为800元，长期借款利息为2 200元。

11. 以银行存款支付本月应负担的财产保险费1 500元。

12. 结算本月应付职工薪酬。其中，行政部门20 000元，财务部门10 000元，销售部门 20 000 元，车间生产工人 20 000 元，车间管理人员 10 000 元。

　　13. 根据上述业务，结转本月的收入项目。

　　14. 根据上述业务，结转本月的费用项目。

　　15. 根据本期实现的利润情况，计提所得税费用。

　　16. 以银行存款缴纳上述业务的税金。

　　要求：根据上述经济业务，编制会计分录和企业当月的利润表。

财务报表分析

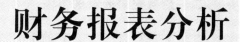

学习目标

  1. 掌握：财务报表分析的基本内容，偿债能力、管理能力、盈利能力分析常用的财务指标和计算方法。

  2. 理解：综合分析基本内容。

  3. 了解：财务报表分析的局限性。

第一节　财务报表分析概述

一、财务报表分析的目的

  财务报表的内容主要反映了企业的财务状况和经营成果，以此为基础进行的分析可以了解企业表现的历史特征以及便于与其他企业之间进行比较。从企业经营管理的角度看，财务报表可以帮助企业提高管理质量，也可以帮助股东和其他利益相关者了解企业的经营管理水平。例如：投资者通过分析财务报表了解投资回报水平并调整投资预期；债权人通过分析财务报表评价债权的收益和风险水平；供应商通过分析财务报表确定未来的赊销决策；政府部门通过分析财务报表确定企业的经营状况并决定税收优惠政策；员工通过分析财务报表评价未来的职业发展等。从国民经济宏观管理角度来看，工商、统计、财税等经济监管部门需要通过分析同类企业的财务报表了解特定企业或所属特定行业的发展现状、发展趋势、发展风险等，从而制定有效的宏观经济调控政策。

  财务报表在微观上主要是为企业经营管理服务，在宏观上主要是为国民经济管理服务。普通企业没有义务向全社会公开其财务报表，但上市公司和特殊行业（如银行、保险公司等）需要按照法律和监管要求向社会公众公开其财务报表。

二、财务报表分析的方法

为充分发挥财务会计报告的作用，会计信息使用者会对财务会计报告的数据做进一步加工，并对这些指标进行比较、解释和评价。通常不同的会计信息使用者关注的指标有所不同，如债权人比较关心短期偿债能力、股东优先关注盈利能力。通过计算各类指标进行评价和分析，可以正确评价企业财务状况、管理水平，为决策提供依据。

国内外常用的财务报表分析的方法包括比较分析法和比率分析法。

（1）比较分析法是指将会计主体财务报表中的信息进行数据对比来发现差异和规律。比较分析法又可以分为纵向比较和横向比较。其中，纵向比较也称为趋势分析法，是指将一个会计主体历史上不同会计期间的指标进行比较，分析指标的规律和发展趋势。横向比较是指将一个会计主体与同类特定公司或行业平均水平进行比较，分析指标之间的差异和变化趋势。

（2）比率分析法是指根据财务报表数据计算出比率用来反映会计指标之间的相互关系。按照关注的重点不同，通常可以计算偿债能力指标、营运能力指标、盈利能力指标、企业价值指标等。

第二节 偿债能力分析

偿债能力分析的主旨是揭示企业偿付债务的能力。按照债务期限不同，偿债能力分析可以分为短期偿债能力分析和长期偿债能力分析。按照《中华人民共和国企业破产法》的规定，企业法人不能清偿到期债务或者明显缺乏清偿能力的，须依法清理债务。毫无疑问，企业管理当局需要确保足够的债务偿付能力，否则将有破产清算的风险。

一、短期偿债能力分析

短期偿债能力分析常用的财务比率有流动比率、速动比率和现金比率。

（一）流动比率

流动比率是指流动资产与流动负债的比率。流动比率的计算公式为

$$流动比率 = \frac{流动资产}{流动负债} \times 100\%$$

流动比率用于衡量企业流动资产对于短期债务的保障程度。一般而言，该指标越高，说明企业偿还流动负债的能力越强。企业的流动比率究竟多高才算合适，并没有绝对的标准。通常认为制造企业的流动比率大于或等于2会比较好。实践中，应结合企业的行业特征、信用等级等多项因素进行具体分析。企业应保持必要的流动资产保障流动负债的偿付。

此外，流动比率是对企业短期偿债能力的粗略估计，与财务报表中的流动资产、流动负债的数额相关。但是，并非全部的流动资产都能用于偿还企业债务，偿还企业债务

的形式也并非单一的偿还货币资金。就存货而言，其变现金额与当时的市场供需情况具有密切联系，在特殊情况下还可以直接以存货抵债。

（二）速动比率

速动比率是指速动资产与流动负债的比率。其中，速动资产是流动资产扣除存货以后的资产，速动资产＝流动资产－存货。速动比率的计算公式为

$$速动比率 = \frac{速动资产}{流动负债}$$
$$= \frac{流动资产－存货}{流动负债} \times 100\%$$

由于速动资产相比于流动资产扣除了存货这一流动性欠佳的项目，因此速动比率比流动比率更能体现企业偿还短期债务的能力。企业的速动比率也没有绝对的标准，通常认为制造企业的流动比率大于或等于1会比较合适。

此外，使用速动比率分析企业的短期偿债能力，还应注意企业应收账款的回收周期等情况。如果应收账款占比较高，且大部分不易收回，那么速动比率再高也不能证明企业拥有良好的短期偿债能力。

（三）现金比率

现金比率是指现金类资产与流动负债的比率。其中，现金类资产包括现金和现金等价物等。现金比率的计算公式为

$$现金比率 = \frac{现金类资产}{流动负债} \times 100\%$$

现金比率在实践中的计算口径具有一定的分歧，现金等价物的范畴并没有达成共识。这里的"现金"其实是金融意义上的现金，并非会计意义上的现金。实际计算中，现金等价物通常包括现金、银行存款、其他账户资金、金融资产等项目。

二、长期偿债能力分析

长期偿债能力又称为总体偿债能力，是指企业偿还全部债务的能力。从长期看，企业的全部债务都需要偿还，因此长期偿债能力分析就是分析各项资产对全部负债的覆盖保障情况。长期偿债能力分析通常使用的财务比率包括资产负债率、利息保障倍数。

（一）资产负债率

资产负债率是企业负债总额与资产总额的比率。资产负债率的计算公式为

$$资产负债率 = \frac{负债总额}{资产总额} \times 100\%$$

一般地，资产负债率越低，表示企业资产总额中通过负债方式取得的部分占比越低，偿债越有保障，融资的空间也越大。

由于资产、负债、所有者权益之间存在等式关系，也可以使用权益乘数或产权比率分析企业的长期偿债能力。权益乘数的计算公式为

$$权益乘数 = \frac{资产总额}{股权总额} \times 100\%$$

$$= \frac{资产总额}{资产总额-负债总额} \times 100\%$$

$$负债权益比 = \frac{负债总额}{股权总额} \times 100\%$$

$$= \frac{负债总额}{资产总额-股权总额} \times 100\%$$

资产负债率越高，权益乘数也就越大，负债权益比也越大。

（二）利息保障倍数

利息保障倍数是指息税前利润与利息费用的比值。利息保障倍数的计算公式为

$$利息保障倍数 = \frac{息税前利润}{利息费用}$$

$$= \frac{净利润+利息费用+所得税费用}{利息费用}$$

一般地，利息保障倍数越大，表示企业拥有用于偿还利息的资金越多，对利息支付的保障程度越高。利息保障倍数至少应大于1，以表明企业具备支付利息的能力。这个比例过低，企业可能面临亏损，偿债能力、财务稳定性都有风险。

第三节 管理效率分析

管理效率分析常用的财务指标主要有总资产周转率、存货周转率、应收账款周转率等。

一、总资产周转率

总资产周转率是指企业销售收入与资产总额的比率。由于销售收入是时期指标，资产总额是时点指标，计算时资产总额通常采用平均数。总资产周转率的计算公式为

$$总资产周转率 = \frac{销售收入}{资产总额}$$

资产总额的计算公式为

$$资产总额 = \frac{期初资产总额+期末资产总额}{2}$$

总资产周转率的高低表明了企业利用其资产进行经营效率的高低。对于相同的营业规模，占用的资产越少表示效率越高；对于相同的资产规模，实现的销售收入越多表示效率越高。

根据总资产周转率也可以推算出总资产周转天数。以一年360天简化处理，可以根据以下公式计算出总资产周转一次需要的时间，天数越短表示总资产周转的速度越快。

$$总资产周转天数 = \frac{360}{总资产周转率}$$

如果一家公司的总资产周转天数是 60 天，则意味着该公司平均需要 60 天来产生相当于资产价值的销售收入。

二、存货周转率

存货周转率是指企业一定时期内营业成本与平均存货的比率。由于营业成本是时期指标，存货是时点指标，计算时存货通常使用平均数。存货周转率的计算公式为

$$存货周转率 = \frac{营业成本}{存货}$$

存货的计算公式为

$$存货 = \frac{期初存货余额 + 期末存货余额}{2}$$

存货周转率代表了企业存货周转的速度。存货周转率高，表示营运资金占用在存货上的金额比较少，但也有可能表示企业存货管理存在数量过少的问题；存货周转率低，意味着企业的营运资金中存货占用了较多资金，通常表示企业的产品销售不畅，当然也有可能是企业主动增加库存产品的结果。实务中，具体分析要结合同行竞争、历史趋势作出判断。

根据存货周转率也可以推算出存货周转天数。以一年 360 天简化处理，可以根据以下公式计算出存货周转一次需要的时间，天数越短表示存货周转的速度越快。

$$存货周转天数 = \frac{360}{存货周转率}$$

三、应收账款周转率

应收账款周转率是企业一定时期的应收账款转为现金的速度，代表应收账款变现的速度。应收账款周转率的计算公式为

$$应收账款周转率 = \frac{赊销收入}{应收账款平均余额}$$

其中，
$$赊销收入 = 营业收入 - 现销收入$$

$$应收账款平均余额 = \frac{期初应收账款余额 + 期末应收账款余额}{2}$$

实务中，赊销收入可能不易取得，也可以直接使用销售收入替代。

应收账款周转率越高，表示企业催收账款的速度越快；应收账款周转率越低，表示企业催收账款的速度越慢。应收账款周转率的分析还要结合企业的信用政策，如果信用政策宽松，那么企业通常会同时面临更高的赊销收入和应收账款额度；如果信用政策过于苛刻，那么企业的赊销收入和应收账款额度都会较低。

根据应收账款周转率也可以推算出应收账款周转天数。以一年 360 天简化处理，可以根据以下公式计算出应收账款周转一次需要的时间，天数越短表示应收账款回收的速度越快。

$$应收账款周转天数 = \frac{360}{应收账款周转率}$$

盈利能力分析常用的指标有总资产报酬率、净资产报酬率、销售净利率、销售毛利率等。

一、总资产报酬率

总资产报酬率是指企业在一定时期内的净利润与平均资产总额的比率。该指标越大表明企业的获利能力越强。总资产报酬率的计算公式为

$$总资产报酬率=\frac{净利润}{平均总资产余额}\times100\%$$

二、净资产报酬率

净资产报酬率是指企业在一定时期内的净利润与平均净资产总额的比率。该指标越大表明企业的获利能力越强。净资产报酬率公式为

$$净资产报酬率=\frac{净利润}{平均净资产余额}\times100\%$$

三、销售净利率

销售净利率又称为销售贡献率，是指企业净利润与销售收入的比率。该指标越大表示企业通过销售业务获取收益的能力越强。销售净利率的计算公式为

$$销售净利率=\frac{净利润}{销售收入}\times100\%$$

四、销售毛利率

销售毛利率是指企业的销售毛利与销售收入的比率。该指标越大表示企业经营的产品或服务盈利能力越强。不同行业的毛利率存在较大差异，该指标也容易受到企业产品组合、成本控制、定价策略的影响。销售毛利率的计算公式为

$$销售毛利率=\frac{毛利润}{销售收入}\times100\%$$

$$=\frac{销售收入-销售成本}{销售收入}\times100\%$$

五、每股收益

每股收益是指平均分摊到每股普通股的归属于普通股东的净利润。该指标越高表示企业每股普通股获益的能力越强。每股收益的计算公式为

$$每股收益=\frac{归属于普通股股东的净利润}{当期实际发行在外普通股的加权平均数}$$

六、资本投入回报率

资本投入回报率是指税后、利息折旧提成前的净营运收入与投入资本之间的比值。该指标越大表示企业管理层使用资本创造利润的能力越强。资本投入回报率的计算公式为

$$资本投入回报率 = \frac{税后、利息折旧提成前的净营运收入}{所有者权益 + 有息负债 - 非核心经营资产}$$

第五节　企业价值分析

企业价值分析通常不仅考虑财务信息，还要综合考虑市场信息、收益水平、成长性等。一些常用的指标是通过财务信息经过计算得到，如市场价值、市盈率、市净率、每股收益、净资产收益率、总资产收益率、投资回报率，其他指标如 EV 值、托宾 Q 值等可自行查阅其他文献。

一、市场价值

市场价值简称"市值"，是指企业在某一特定日期的每股市价与流通股数的乘积数。该指标反映了公开市场上投资者对企业价值的认可，因市场情绪、宏观经济状况、行业动态等因素的波动，市场价值不一定总能准确反映企业的内在价值或实际价值。市场价值的计算公式为

$$市场价值 = 每股市价 * 流通股数$$

二、市盈率

市盈率（price earnings ratio）简称"PE 指标"，是指企业股票的每股市价除以每股收益的比值。该指标反映了市场对企业价值的估值，通常指标较大表明企业价值被高估，指标较小则表明企业价值被低估。市盈率的计算公式为

$$市盈率 = \frac{股票市价}{每股收益}$$

三、市净率

市净率（Price-to-Book Ratio）简称"P/B 指标"，是指股票的每股市价除以每股净资产的比值。其中，分子是每股市场价，分母是每股账面价，当市场价值高于账面价值时，表明企业资产质量好，有较好的发展潜力。市净率的计算公式为

$$市净率 = \frac{股票市价}{每股净资产}$$

四、非公共公司价值

除公共公司以外，大量的普通企业还可以采用市场法、成本法、收益法等评估其企

业价值。其中，较常见的是可比公司法，选择同行业、规模相近的上市公司为参照对象，以市盈率、市净率等指标，对非公共公司进行价值推算。

第六节　案例分析

一、单个企业财务分析

西瓜籽公司××年财务报表的主要信息如下：市场股价为 88 元，流通股股数为 37.5 万。根据这些财务信息，计算偿债能力、经营效率、盈利能力、企业价值等相关指标。

西瓜籽公司××年资产负债表的主要信息见表 10-1。

表 10-1　西瓜籽公司××年资产负债表的主要信息　　　　单位：万元

资产		期初	期末	负债和所有者权益	期初	期末
库存现金		84	98	应收账款	312	344
应收账款		165	188	应付票据	231	196
存货		393	422	流动负债合计	543	540
	流动资产合计	642	708	实收资本	500	500
固定资产		2 731	2 880	资本公积		50
				未分配利润	1 799	2 041
				所有者权益合计	2 299	2 591
	资产总计	3 373	3 588	负债与所有者权益总计	3 373	3 588

西瓜籽公司××年利润表的主要信息见表 10-2。

表 10-2　西瓜籽公司××年利润表的主要信息　　　　单位：万元

项目	金额
销售收入	2 311
销售成本	1 344
管理费用	276
财务费用	141
利润总额	550
所得税费用	137.5
净利润	412.5
股利	123.75
留存收益	288.75

分析：

（1）偿债能力。

流动比率＝流动资产÷流动负债＝708÷540≈1.31

速动比率＝（流动资产−存货）÷流动负债＝（708−422）÷540＝0.53

现金比率＝现金÷流动负债＝98÷540≈0.18

负债比率＝总负债÷总资产＝（3 588−2 591）÷3 588×100%≈28%

负债权益比＝总负债÷总权益＝（3 588−2 591）÷2 591×100%≈38.5%

权益乘数＝总资产÷总权益＝1+负债权益比≈1.385

利息倍数＝息税前利润÷利息＝691÷141≈4.9

（2）经营效率。

存货周转率＝销售成本÷存货＝1 344÷〔（393+422）÷2〕≈3.3

存货周转天数＝360÷3.3≈109（天）

应收账款周转率＝销售额÷应收账款＝2 311÷〔（165+188）÷2〕≈13.1

应收账款周转天数＝360÷13.1≈27.48（天）

总资产周转率＝销售收入÷总资产＝2 311÷3 588≈0.63（次）（出现这种情况一般表明企业固定资产所占比重较大）

（3）获利能力。

销售利润率＝净利润÷销售额＝412.5÷2 311×100%≈17.85%

总资产收益率＝净利润÷总资产＝412.5÷3 588×100%≈11.5%

净资产收益率＝净利润÷总权益＝412.5÷2 591×100%≈15.92%

（4）企业价值

市值＝股价×股数＝88×375 000＝3 300（万元）

市盈率＝股价÷每股收益＝88÷11＝8（倍）

市净率＝股价÷每股净资产＝88÷69.09≈1.27（倍）

二、行业分析

白酒行业在我国占有特殊的地位。以该行业为分析对象，选择某个时间段或某一特定时间点，可以借助于财务指标分析行业概况。

以资产分析为例。资产是企业拥有的总资源，行业内所有企业的资产就代表着这个行业的总规模。我们根据白酒上市企业从2010年到2020年的具体数据绘制了图10-1。图10-1显示，十年间，样本公司的总资产从1 018万亿元增长到5 385万亿元，总共增长了4.29倍，经测算，每年平均增长18.5%。在头部企业中，贵州茅台总共增长了7.34倍，每年平均增长23.8%；五粮液总共增长了2.97倍，每年平均增长15%，洋河股份总共增长了3.69倍，每年平均增长17.8%，泸州老窖总共增长了3.38倍，每年平均增长17.6%，山西汾酒总共增长了4.66倍，每年平均增长19.9%。

以营业收入分析为例。营业收入是企业经营的整体表现。根据样本公司各项成本费用占营业收入比重的主要数据，我们绘制了图10-2。在白酒公司整体营业总成本中，占比最高的是营业成本，平均值为80.35%，也就是说毛利润接近20%。其次是销售费用占比，平均值为18.52%。然后是管理费用占比，平均值为10.09%。经营成本占比的总体趋势存在波动，从最近十年来看，大约五年为一个波动周期。

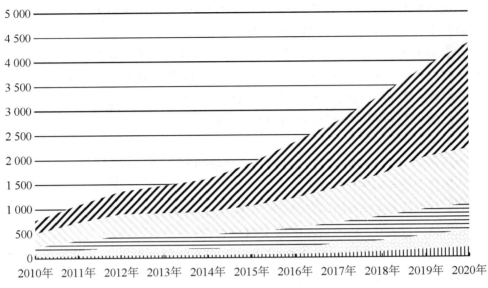

图 10-1　白酒上市企业资产总规模情况

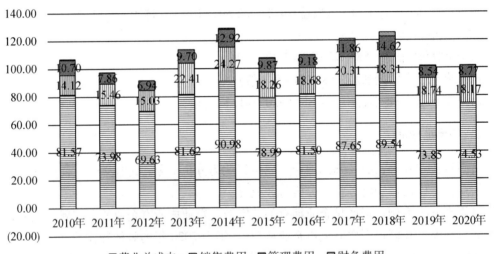

图 10-2　白酒上市企业整体营业收入成本情况

以权益收益率为例，将白酒上市企业权益收益率计算出平均值后由高到低排序，可以绘制图 10-3。全行业各企业的盈利指标一目了然，全行业平均的权益收益率为 17.08%，头部企业的权益收益率能达到 30% 以上，个别企业为亏损。

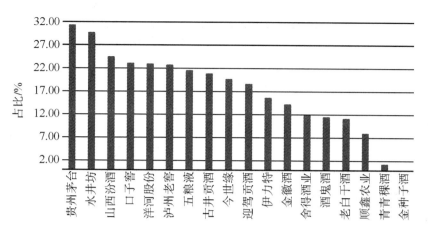

图 10-3 白酒上市企业平均净资产报酬率

 主要概念

比率分析法 趋势分析法 偿债能力分析 营运能力分析 盈利能力分析
企业价值 流动比率 速动比率 现金比率 资产负债率 利息保障倍数
总资产周转率 存货周转率 应收账款周转率 资产报酬率 净资产报酬率
销售毛利率 销售净利率 市盈率 市净率

 复习思考题

1. 比较分析法和比率分析法分别是什么？其区别在哪里？
2. 反映企业偿债能力的指标通常是什么？
3. 反映企业管理效率能力的指标通常是什么？
4. 反映企业盈利能力的指标通常是什么？
5. 反映企业价值的指标通常是什么？

 巩固练习

（一）某公司××年度财务报表的主要数据如下：
（1）资产负债表主要信息如表 10-3 所示。

表 10-3 资产负债表

××年 12 月 31 日
单位：万元

资产	金额	负债和所有者权益	金额
流动资产：		流动负债：	
货币资金	300	应付账款	800
应收账款	1 300	其他流动负债	480

表10-3（续）

资产	金额	负债和所有者权益	金额
存货	1 120	流动负债合计	1 280
流动资产合计	2 720		
固定资产	1 270	非流动负债合计	1 020
		实收资本	1 690
资产总计	3 990	负债和所有者权益总计	3 990

（2）年度利润表信息显示，净利润为 225 600 元。

要求：

（1）列出计算公式，计算出表 10-4 中的财务指标。

（2）与行业平均水平相比，简要评述该公司的财务状况和盈利能力。

表 10-4　财务指标的计算

财务比率	本公司	行业平均水平
流动比率		2
速动比率		1
资产负债率		50%
资产报酬率		5%
净资产报酬率		8%

二、选择你感兴趣的某个行业，利用某个或某几个财务指标进行行业分析。

会计原理

参考文献

［1］中华人民共和国财政部. 企业会计准则（合订本）［M］. 北京：经济科学出版社，2020.

［2］中华人民共和国财政部. 企业会计准则应用指南［M］. 上海：立信会计出版社，2024.

［3］王红云，赵永宁. 财经法规与会计职业道德［M］. 北京：中国人民大学出版社，2022.

［4］叶忠明，李晓东，刘辉，等. 会计学原理［M］. 北京：清华大学出版社，2023.

［5］陈爱玲，崔智敏. 会计学基础［M］. 北京：中国人民大学出版社，2023.

［6］徐经长，孙晏莉，周华. 会计学(非专业用)［M］. 北京：中国人民大学出版社，2020.

［7］史国英. 会计学（非专业用）［M］. 北京：清华大学出版社，2021.

［8］程平，会计大数据基础［M］. 北京：中国人民大学出版社，2022.

［9］张敏，王宇韬，大数据财务分析［M］. 北京：中国人民大学出版社，2022.

［10］迈克尔·查特菲尔德. 会计思想史［M］. 文硕，等译. 上海：立信会计出版社，2017.

附　录

附录1　会计是学经济的一所很好的学校[①]
——我当会计的回忆
左春台

我离开会计行业已经 30 多年了。尽管当时我学的是适应农村根据地的比较浅显的商业会计，而且做会计的时间也只有两三年，但是我始终觉得这一段会计工作的实践对我以后做财经工作的帮助很大，因而我始终对会计工作怀有留恋之感。所以，当 1978 年我回到财政部，领导让我筹办《会计》月刊的复刊工作并兼任《财务与会计》的总编辑的时候，我愉快地接受了，并且在一年多的工作接触中，会计人才缺乏的呼声引起了我对过去一段学会计、做会计的回忆。

一、三个月的短期训练班

我学会计不是像现在这样进中等技校，更不是上大学，而是参加三个月的短期会计训练班。

记得是 1942 年，由于敌人的"扫荡""蚕食"和"三光"政策，当时晋察冀边区同其他根据地一样暂时缩小了，财政经济极端困难。毛泽东同志曾经指出，物资方面的极端严重的困难是抗日航船今后的暗礁。为了打破敌人的封锁，克服困难，绕过暗礁，边区的党和政府除了领导人民努力发展农业与手工业生产以外，还开展对敌的货币和贸易斗争，成立了边区贸易管理局，管理出入口的贸易，并领导国营商店。当时的财政、银行和贸易部门在党和政府领导下，把货币斗争（包括反假票斗争、货币的阵地斗争和比价斗争）和贸易斗争（包括集市的争夺、进出口贸易的发展）结合起来，同出入境

---

① 原文载《财务会计》1980 年第 9 期。

的管理结合起来，同保卫根据地的生产和人民群众的利益结合起来，形成了经济战线上的"铜墙铁壁"。斗争是紧张的、残酷的，也是生机勃勃的。许多从未做过财经工作的同志调到财经战线上来，如当时边区贸易管理局局长陈大凡同志就是从部队团政委岗位上调来的。他们向实践学习，向根据地的商人学习，向敌人学习。要开商店，办经济，离开会计是不行的。但当时会计人才十分缺乏，特别是懂新式会计的更少。这就是边区贸易管理局办短期会计训练班的由来。

我是由完县北大悲商店选派参加这个训练班的。训练班设在灵寿县弯子村，即当时边区贸易管理局和晋察冀边区银行所在地。参加这个训练班的有各地贸易管理局和商店选派来的干部，也有部分青年学生，有40多人。担任会计教师的是史坚同志，担任政治课教师的是当时贸易管理局业务科长王迪同志。边区政府的主要领导张苏同志等，都在训练班作过报告，说明党和政府对训练班的重视。

课堂是简陋的，在一个三面有墙一面敞开的棚房里，不过当时正是夏季，倒也凉爽和明亮。同学们搬几块石头和木板当座位。在一面墙上抹了一块黑板。当时主要课程是商业会计，有蜡纸刻印的讲义。讲义讲的是复式会计，即借贷会计，但为了通俗，未用"借贷"二字，用的是收付，即收方和付方。但收付也并不比借贷好懂。不过，当时同学们死记了一条规则，叫作"反收付"，即在日记账上记收方的，在总账和分户账上记付方。同学们用各种已用过的纸的背面当练习本和笔记本。讲义是通俗简单的，但由于同学们的文化水平不同，时间又短，学习也是很艰苦的。我是高中学生，文化水平算是比较高的。所以，在学习过程中，我也曾帮助同学们补习过数学和语文，也可以说是学生兼教员。当时的生活条件是很差的，能吃上小米饭就很好了，实际上领来的粮食还有黑豆和高粱，只能粗粮细作，掺和着吃。偶尔吃上一顿白面馒头，算是改善生活了。虽然物质生活差，但人们的精神却很饱满，都想为抗日战争的胜利贡献力量。人们向往着未来，不过要求也不高。有的同志说：将来抗战胜利，一天能吃上一顿细粮（白面和大米），就心满意足了。尽管要求不高，但人们还是把它看成遥远的事，所以起了个名字，叫"精神会餐"。

三个月的时间是短暂的，但人们基本上掌握了记账的技术，许多同志通过实践的学习，以后成为当时会计战线和以后贸易战线的骨干。这说明，短期训练班是普及会计知识、培训干部的一个重要方法。

二、四柱清册

三个月的会计训练班结业以后，我没有回原地，被分配到雁北专区贸易局工作，地点在山西灵丘县的下关。但是，我在那里工作没多久，又调回灵寿陈庄永和商店担任会计。永和商店是边区贸易管理局新接收的一个合作商店，经理由王迪同志兼任（陈庄离贸易管理局弯子村很近），贸易管理局派我任会计，派哈伯符同志任总务，其余都是商店的原班人马。

到这个商店，在会计上首先碰到的一个问题是"四柱清册"。这个商店原来用的是上收下支的旧式账，移交清单是一个"四柱清册"，即旧管、新收、开除和实在，最后一行写"天赐红利大洋××元"。我当时看了觉得既好笑又新鲜。但仔细看了以后又不知所措。

因为在训练班里没学过这个东西，如何把它过到新式账上，开始还摸不到头脑。原来的会计很精明，也很和气。我没有向他说我看不懂，也没有同他讨论，这不单是爱面子，主要是考虑旧式账我不懂，新式账他不懂，讨论不会有什么结果。于是，我关起门来仔细琢磨了三天（更多是在晚上），反复计算了若干次，运算的结果是：

$$旧管+新收＝开除+实在$$
$$新收-开除＝天赐红利$$
$$实在-旧管＝天赐红利$$

这样，我逐渐悟出这样一个道理："新收"和"开除"相当于损益计算书，"旧管"和"实在"相当于资产负债表，旧管即负债，实在即资产。不过，只有把"天赐红利"加到"旧管"里边去，资产和负债才能平衡。

这样，难题解决了，我把移交的"四柱清册"的有关项目，冠以新的科目，移到新式账上去，开始新的工作。这时，我尝到了"苦尽甜来"的乐趣，同时也感到中国旧式账和"四柱清册"，不能轻视，不能简单地否定，它里边也有科学的成分。

以后，我调到阜平恒升号总店担任会计。该总店下辖三个分店，其中一个分店也是用的旧式账。会计老刘同志是从天津杨柳青粮店随八路军到根据地的，因年龄较大，随军不便，转到地方商店工作。他打得一手好算盘。尽管记旧式账，月终或年终的报表却完全按新式报表填写，而且报得及时、准确。这也说明，尽管记账方法不同，报表却完全可以统一。

三、学打算盘

当时在灵寿陈庄有两个国营商店：一个是原有的公胜合商店，主要经营布匹、粮食和日用杂货，门市比较忙些。另一个是新接收的永和商店，主要经营山货的出口和军民用品的进口，日常门市并不那么忙，只有在赶集日收购花椒的时候比较忙些。

但是，这种清闲的工作受到了挑战。一个赶集日，小服务员到我房里送水，笑嘻嘻地说：你这个会计先生倒清闲，集上这么忙，你也不帮一把。于是，我到门市上看一看我能做些什么。营业员买花椒，看成色，评质量，讲价钱，有专门技术和经验。农民或商贩把花椒肩背、担挑或驴驮送到商店，营业员同他议好价，边过秤边高声呼喊："记账。某某某（人名），花椒多少斤多少两，每斤几毛几分几厘，去皮几斤几两。"营业会计在屋里根据院内营业员的呼喊在收购草账上记录，然后算账付款。我看了一下，我在那里只能帮忙复核一下现金。打算盘还不行，会一点，但不快不准。特别是当时斤和两不是十进位，而是十六两一斤，更增加了计算的复杂性。这就迫使我非下决心学打算盘不可。先学斤称流法：一，隔位六二五；二，一二五……一直到十五，九三七五。一到十五的数字要背熟。因为当时一两＝0.062 5斤，所以在珠算上打一两，表示为隔位打六二五。如一斤一两，在珠算上打10 625。其次，就是练指法，练打得快和准。经过一段时间，也可以应付忙时的集日了。

算盘打熟了，也是一种乐趣。我调阜平恒升号总店任会计的时候，沙湾村的农民对我说：你们分店的刘会计真是一个打算盘的能手。夏天，我们在街上乘凉的时候，听到那清脆而有节奏的算盘声，就像听一曲音乐。当时乡间有所谓"飞归"的说法，谁会"飞归"，好像就是珠算上的"圣人"。其实，我从斤称流法中认识到，凡是用固定的一个数字作除数或乘数，都可以编成像斤称流法那样的歌诀，使演算更迅速，更准确。晋察冀边区工商局一位同志（一位高级知识分子）曾教我在珠算上开方，可惜，开方在实际工作中用不上，而且记这个方法的小本子早遗失了，我现在一点也记不起如何运算了。还有一个同志教我乘法和除法定位的两句话："乘从每下得术，除从法前得零。"这两句话还记得，但如何解释现在也记不起来了。当时，我主要是把珠算运算和心算判断相结合来定位，并不拘泥于定位法。

四、以粮换麦

永和商店经营不到一年，因种种原因就结束了。我被调到阜平恒升号总店任会计。当时为了加强对经济工作的领导，边区贸易局改为工商管理局，由军区副司令兼副政委程子华同志（在聂荣臻司令员到延安参加党的七大时，程子华为代司令兼代政委）兼局长，陈大凡同志为副局长，并且也迁到了阜平城内。恒升号是边区工商局直属的一个总店，陈大凡同志兼经理，李恒久同志为副经理，下辖王快、城南庄、沙弯三个分店。总店内部还有一个驮骡队和两个羊群，也是独立核算的单位。因为业务复杂了，总店分会计和业务两个股，会计股除了我以外，还有会计训练班的同学王克和刘勇两个女同志。

恒升号吸收灵寿、行唐等地的土布，运到山西的下关和龙泉关，再把山西的粮食（有时也有牲畜）运到阜平，它可以说是布粮交流的枢纽。当时的商店，包括总店和分店，按经济区域设置（主要在大的集镇），地方政府不干预商店的内部事务。

1943 年春夏之交，阜平农村面临这样的情况：因为气候和雨水合适，小麦长势很好，可望丰收。但青黄不接之际，许多农户缺粮，能否把小麦管理好和收获好却成为问题。一天傍晚，程子华同志骑马到恒升号来。他提出了一个深思熟虑的建议：由恒升号拿出粮食（主要是玉米）赊销给有麦田的农民，等麦收以后，再以小麦归还恒升号。玉米按赊销时的市场价格作价，小麦按归还时的市场价格作价。因为在战争时期，价格是不断上涨的，这样农民不会吃亏。为简便手续，赊购玉米和归还小麦都以行政村为单位，由村主任统一办理结算手续。事情就这样定下来了。恒升号李恒久副经理既同意又担心。之所以同意，是因为目睹阜平的现状，这是度过春荒，保证麦收的最好办法；之所以担心，是因为这笔生意对商店并不怎么有利，特别是"借粮容易归还难"，担心到麦收时这笔赊销账能否全部收回来。

但事后的结果证明，不仅小麦全部收回来了，更重要的是在农商关系上，取得了意外的政治上的收获。尽管恒升号平时为人民办了许多好事，但它真正在农民中扎下根来，广大农民把恒升号看成自己的商店，却是通过这次的以粮换麦。在 1943 年秋季空前残酷的反扫荡中，广大群众之所以以舍己为公的精神，保护和支持自己的商店，使恒升号的人、财、物几乎毫无损失，并且利用反扫荡的间隙，做了生意，保障了军需民用，一个重要的原因就在这里。

附录2　中国的"四柱清册"是对世界会计的独特贡献①

彭玉书

对外经济贸易大学国际工商管理学院

中国是世界四大文明古国之一，她创造了灿烂的中华优秀文化，对于世界文明有四大贡献是世人皆知的。但是，我国早在宋代就产生了具有旧管、新收、开除、实在四个基本框架的所谓"四柱清册"，形成我国传统会计的精华，作为对世界会计的突出贡献之一，也是当之无愧的。可是，直到今天，在我国的会计界基本上还是拘泥成说，只承认它是账户记录中的四项金额要素：期初结存、本期收入、本期支出、期末结存。其实，从发展的观点来看，"四柱清册"更重要的意义还在后头。原来应用于官厅会计的"四柱清册"，随着社会的发展，工商业会计也广泛地应用之后，与复杂的经济活动内容相适应，旧管、新收、开除、实在这四柱被赋予新的内容，构成整个会计对象的四要素；旧管就意味负债（包括资本），新收相当于现在的收益，开除相当于现在的费用，实在则意味着资产。对此，笔者早在 15 年前，刊登在《财务与会计》1979 年第 7 期《读〈会计史话〉想到的——"匹柱清册"辨析》一文中，首次提出广义的四柱观点，发展了四柱的含义，并强调"我国古代会计中的'四柱清册'既起到了西方会计试算表的作用，也兼具西方会计资产负债表和损益计算书的作用。"四柱清册"是我国古代会计科学取得优异成就的显著标志，在会计史上是应该大书特书的。

拙作发表不久，《中国经济问题》1980 年第 3 期发表了成圣树的大作《我国古老而科学的记账方法》，其中曾对拙见广义的四柱观点提出过疑义。援引成文提出的疑义如下：读《财务与会计》1979 年第 7 期刊载的《读会计史话想到的——四柱清册辨析》，其中有这样一段说明：

"四柱清册"的计算公式是：

（1）　　　　　　　　旧管+新收=开除+实在

（2）　　　　　　　　新收-开除=实在-旧管

从上列第一个公式可以看出，"四柱清册"中的"旧管"与"新收"之和必然同"开除"与"实在"之和相等。这个计算公式所反映的内容相当于西方会计的试算表。"四柱清册"中"新收"与"开除"之差必然同"实在"与"旧管"之差一样。利润就是通过这两种平行的计算而得出的。因此，我国古代会计中的"四柱清册"既起到了西方会计试算表的作用，也兼具西方会计资产负债表和损益计算书的作用。在以上说明中，计算公式的本身是没有问题的，但是，把"四柱清册"理解为"既起到了西方会计试算表的作用，也兼具西方会计资产负债表和损益计算书的作用"，是值得商榷的。如果说"新收"与"开除"之差就是"损益计算"的话，那么，"实在"与"旧管"之中谁是"资产"，又谁是"负债"呢？这个问题，在《财务与会计》1980 年第 9 期刊登的左春台的大作《会计是学经济的一所很好的学校——我当会计的回忆》中，可以找到答案。为此，摘录左春台有关四柱清册的一段回忆如下：

---

① 原文载《交通财会》1995 年第 3 期。

"旧管+新收＝开除+实在"

"新收-开除＝天赐红利"

"实在-旧管＝天赐红利"

这样，我逐渐悟出这样一个道理："新收"和"开除"相当于损益计算书，"旧管"和"实在"相当于资产负债表，旧管即负债，实在即资产，不过要把"天赐红利"加到"旧管"里去，资产和负债才能平衡。左春台关于"四柱清册"的回忆，恰恰为笔者的广义四柱观点提供了有力的证明。

广义的"四柱清册"充分说明我国古代会计与西方会计比较起来，可以说毫无逊色，甚至超过了西方。作为会计方程式的"旧管+新收＝开除+实在"（"负债+收益＝费用+资产"）蕴含了实账户与虚账户的内容，全面反映会计对象的整体，是西方"资产＝负债+资本"这个会计方程式难以比拟的。因此，"四柱清册"可以说是我国传统会计中的一颗明珠，是对世界会计的独特贡献。

附录 3 财务会计定义的经济学解读[①]

葛家澍 叶凡 冯星 高军

一、已有定义的回顾

研究任何一门科学或一项社会活动，都必须由表及里，从现象到本质。解读其定义，才能使认识深化。研究会计及其分支财务会计也是如此。

让我们先回顾几个最有代表性、被国际广泛应用过的会计与财务会计的定义：

（1）会计是通过货币，对至少具有部分财务性质的交易和事项进行记录和分类与汇总，使之成为有特定意义的状态（把数据转变为有用的信息），并可解释其结果的内在含义的一种艺术——这个定义可简称为"艺术论"。

（2）"会计是为使信息使用者能作出有根据的判断和决策的、确认和传递经济信息的程序"，"从根本上说，会计是一个信息系统"——这个定义可简称为"信息系统论"。

（3）会计是一种服务活动，其功能在于提供有关一个主体主要具有财务性质的量化信息，旨在有助于作出经济决策——在各种可能的备选方案中作出决策。

财务会计是会计的一个分支，它以货币计量方式提供有关企业的经济资源及其义务的持续性历史，也提供改变那些资源与义务的经济活动的历史。——上述定义可分别称为"服务活动论"和"历史信息论"。

上述三个定义是从不同视角来定义会计与财务会计，并描述其特征的。但共同的局限性是：就会计论会计，而没有联系会计与财务会计（以下我们只指财务会计）所处的经济环境。企业财务会计既离不开市场（主要指资本市场），又离不开现代企业（主要指上市公司，以下也称上市企业），而市场和企业乃是微观经济学着重探讨的两大主题。显而易见，现代财务会计若不紧密联系资本市场与现代企业，不从经济学的理论高度来定义财务会计并进行解读，是不可能认识财务会计的本质特征的。

不错，会计的前身是簿记，它曾是数学的一部分，但那已是历史。社会是发展的。从 18 世纪经济学成为一门极其重要的科学以来，会计就从中引进了市场与企业的基本原理、基本原则和众多概念，并且会计也从数量方面，为研究经济现象特别是微观经济方面，提供了主要的证据。于是，财务会计就成为经济学的一个分支———应用经济学。财务会计的理论基础是经济学（当然也包括管理学）乃是不争的事实。定义财务会计并解读财务会计，必须联系市场与企业等经济学的范畴，必须从经济学的高度来认识财务会计的本质和特征。

二、亚当·斯密、马克思和科斯的有关经济理论指引着财务会计的基本理论和概念

（一）亚当·斯密

亚当·斯密是经济学的伟大的创始者。在斯密的著作问世之前，虽有不少的经济理

---

① 原文载《会计研究》2013 年第 6 期。

论和经济思想，但斯密的不朽著作《国富论》的发表，才使经济学成为一门独立的科学。《国富论》发表于 1776 年，同年，美国发表了《独立宣言》，前者要求经济上平等竞争，后者则要求政治上独立民主。这两篇划时代的文稿在 1776 年不期而遇，代表着新兴的资产阶级和资本主义即将登上历史舞台的呐喊！

《国富论》全面而深刻地揭示了市场经济的基本规则和客观规律。它至少包括以下四个创造性的见解：

（1）人们在经济生活中，利己是出发点。个人追求自己的利益，企业则追求利润最大化。斯密认为，在经济世界中，人的"利己性"并不是一件坏事，投资人在追求利润最大化的同时，有一只"看不见的手"在驱使他增进社会福利，谋求市场的繁荣。这就是说，在市场经济中，正当的"利己"客观上能够"利他"。这就是市场经济最本质的优越性。我国改革开放的总设计师邓小平同志，提出让一部分人先富起来，然后达到共同富裕的伟大见解，与斯密的"看不见的手"理论不谋而合。由于让市场发挥资源配置的基础性作用，我国的经济发生了翻天覆地的变化。如果说，《国富论》是经济学的皇冠，那么，"看不见的手"理论就是这顶皇冠上最耀眼的明珠！

（2）分工能大大提高社会生产力！这是斯密在《国富论》再三强调的。在今天，分工已不限于一般商品劳务了，它已渗入企业的产权中去。现代企业的产权已经"一分为二"，其所有权属于资金供给者，即资本家；而经营权则受托于最富有企业管理才能的企业家，资本供给与资本运用的分工，促成现代企业的巨大进步，也促成一门新兴科学———"公司治理"的诞生与发展。

（3）由于分工，必然要交换。斯密最早提出，商品交换的尺度是其价值，但价值是劳动创造的。在货币经济中，商品的价值表现为商品的价格，劳动是衡量一切商品交换的真实尺度，于是价格就成为市场交换的媒介。

（4）斯密强调，在交换中，对一切经济活动都必须放任自流、公正平等。他反对垄断，不主张国家干预。为了提高市场参与者的文化素质，他还主张发展教育。

斯密并不是一个只主张斤斤计较个人利益的逐利者，他还有一部鲜为人知的重要哲学著作《道德情操论》。在这部著作中，他提出人们在社会中的道德准则，他倡导的是悲天悯人、助人为乐，即宣扬利他主义。

在经济学中宣扬利己，在伦理哲学中则宣扬利他，这就是经济学史中的"斯密之谜"。如果我们只从《国富论》去认识斯密，那只是认识"半个斯密"！必须把利己和利他结合起来，才能真正认识这位伟大经济学家的全面思想。

然而即使从《国富论》也能看到探讨财务会计的指导意义。例如，财务会计的特点之一是立足企业、面向市场，就是企业产权分离中社会分工的体现；企业收入的实现必须在交易事项发生之后，即交换已经完成，也体现斯密的交换理论。尤其是"看不见的手"理论，突出地体现在财务报告向市场传递的财务信息上。财务报告的目标，是为了向企业的所有者提供投资、信贷等决策所需要的信息，即为了有利于企业的主人。但当财务报告一旦向市场公开，在客观上它就为所有市场参与者，包括企业的竞争对手所利用。最终信息在市场上发挥两方面的作用：一是利己，保证企业所有者的决策需要；二是利他，有利于整个市场，使所有的市场参与者都能作出资源配置的决策。第一个作用是企业财务报告的目标，第二个作用则超越了企业的要求。企业并不想，更不愿意自己发出的财务信息，让市场共享。然而，尽管企业的意图是满足现在和潜在的投资人的需要，当信息传递到市场之后，私人产品就变成公共产品，满足市场上一切参与者（包括企业的竞争对手）的需要。这也像一只无形的手在起作用，不以企业的意志为转移了。

（二）马克思

马克思是伟大的无产阶级革命领袖，也是一位伟大的经济学家。他所著的《资本论》三卷全面而深刻地分析了资本的生产过程，资本的流通过程和两者的统一。他在《资本论》第 2 卷中专门论及会计（当时会计仍处于簿记阶段），他把会计概括为对生产过程的控制和观念总结，即具有反映和控制两项主要功能。马克思还有预见性地指出经济越发展，生产规模越是社会化，会计越是重要。我国改革开放的实践充分证明，市场越是发挥资源配置的基础性作用，企业的生产越是向大型化、市场化和国际化发展，财务会计作为国际商业语言，在我国也越是得到空前的重视、发展与加强。

在《资本论》第 2 卷中，马克思明确地指出，会计的对象是一个企业在增值过程中的价值，即流动中的资本。他认为不断流动中的资本（包括资产及其产权）是由会计定价和确认的。就在这一卷，马克思把资本的流通（市场中企业资产及其产权的持续经营的变化）用 G……G' 来表示，G 代表投入资本循环的现金，G' 代表一次循环结束后流入企业更多的现金，这个公式与现代财务会计的目标是吻合的。因为在当前市场上，资本主要供应者（如投资人和债权人）以及其他财务信息使用者（如政府和企业员工），无不普遍关注企业未来现金流入的前景。企业有更多的现金流入，就能保证投资人有更多的投资回报，债权人的到期本金就可以无风险的归还，政府有更多的税收，员工的薪酬也会更高。

因此，马克思（当然也包括恩格斯）不但为会计的许多概念，如成本（补偿价值）、利润（剩余价值）提供了深刻的理论基础，而且阐述了会计的对象、职能与目标等更为基本的概念。这些阐述，现在读来并没有过时，甚至具有新意。

（三）科斯

科斯是 20 世纪著名的经济学家，1991 年诺贝尔奖获得者，是新制度（产权）学派的创始人。他对经济学的重要贡献是发现交易成本，深刻地明确企业的经济性质，并提出明确产权的重要作用。在科斯以前，包括斯密都认为市场是完全竞争的、是自由开放的，人们可以无条件地获得完全的信息，因而都没有发现市场的交易成本。科斯则认为，市场并不是一个无障碍的、自行协调的体系，价格机制可能被取代，那就是企业。在市场上，交换活动为取得达成交易所必需的价格，往往需要很高的成本。用企业取代价格机制，在企业范围内由企业主（所有者或其代理人）进行统一指挥和有效的计划安排，虽然也有各种合同成本，但成本会大大降低。通过对企业的资源与劳动力的整合，能把生产要素结合起来，转化为现实的生产力，生产社会需要的各种财富，推动社会的进步。由于企业的存在与发展，逐步产生"两权"分离，从而出现委托和代理关系，即代理问题。这时，在一个企业中的产权被分割为所有权、控制权、剩余分配权等就不可避免，于是明确产权关系就成为现代企业的一个突出问题。

科斯的理论要求财务会计进一步明确企业的性质和作用，不论由市场通过价格机制配置资源，或者在企业内部，通过企业主的权威，在平等、自愿和竞争的条件下整合资源，都需要财务会计信息作为媒介和指引。

三、我们的定义

根据财务会计自身的特点，以亚当·斯密、马克思、科斯的有关经济理论为指导，我们对财务会计给出如下的定义：

财务会计是会计的一个主要分支，它继承并发展了传统会计的记录、计量、列报等方法与技术，立足主体（主要是企业）、面向市场（主要是资本市场），向市场提供（通过表内确认和表外披露）一个企业整体的、以财务信息为主的经济信息的系统。

其中，财务报表确认（列报）的财务信息是核心的、基本的，在财务报表以外的、由报表附注和其他财务报告披露的财务与其他经济和非经济信息是补充的、辅助的，但也是必要的。

四、如何从经济学的高度来理解上述定义

（一）立足企业

企业是什么：

（1）企业是商品（货物）制造者和劳务提供者，它创造了社会财富。

（2）企业的目标是利润最大化，所以它是逐利者。（若进一步分析企业，与企业相关的各类经济人也是自利的，其行为可能对会计产生影响）

（3）企业要公开发行证券，并购其他公司，通过分配再分配，获取更多的社会资源，所以它又是寻租者。

（4）市场初次配置资源（把资源配置给效率高、效益好的企业），而企业则是资源的再次配置。在企业内部，企业主把资源转化为生产要素，并把它们有机结合起来，转化为现实的生产力，使社会财富增加。

（5）企业是市场所需要信息中的企业财务报告（财务信息）的提供者和传递者。

因此，立足企业就是以企业为主体，界定对外提供报告的空间范围，即财务信息的边界。

（二）面向市场

市场是什么？市场是由供需双方共同决定价格，促进交易完成，调节经济的一种机制。

（1）市场有市场参与者，即证券、商品、劳务等资源的买卖双方。每一个市场参与者往往既是买方，又是卖方。市场应为他们提供公平、自由、平等竞争的平台。市场可分为商品市场、金融市场、资本市场、劳务市场等。我们讲财务会计面向市场，主要指面向资本市场。

（2）把政府干预和垄断撇开，将可能出现有效市场。经济学家尤金·法玛将有效市场定义为，如果资产价格可以迅速和充分地对全部可获得的信息作出反应，资本市场就是有效的，即市场参与者不可能用公开的信息来获得超常利润。实证经验的证据证

明，目前即使经济最发达的国家，如美国，也只是半强式市场，即法玛所描述的市场。这里所谓全部可公开的信息，最主要的是指企业财务信息中的收益（或盈利）信息。可以说，企业向半强式市场输送的盈利信息在很大程度上决定、至少影响证券的市场价格。

（3）企业现在总是在充满不确定性和风险的条件下进行决策，并向前发展的。企业环境的不确定性和风险，主要来自市场。今天的市场已经不是亚当·斯密所设想的完全充分、自由竞争的市场。市场风险包括价格、利率、汇率、与企业有利害关系的关联方和子公司等经营失败的风险、信用风险。

企业向市场传递的财务信息，除了收益信息外，还包括财务状况、现金流量等方面的不确定性与风险信息，促使与企业有利害关系的投资人、信贷提供者等对企业未来充满期待，同时又保持必要的警惕。

（4）任何上市企业要进入资本市场，必须有一套真实、可靠、公允透明的财务报告，作为准入市场的"入场券"。而上市之后，又必须按市场监督者的要求，及时提供规定的报告和财务信息。

（5）市场（资本市场）的顺利运转、吸引并配置更多的投资，在很大程度上有赖于所有上市企业及时提供财务报告，使各企业的财务信息相互交流、比较，提高市场的流动性。企业的财务信息对于促进市场的活跃起着十分重要的引导和媒介作用。生机勃勃的资本市场，依赖于高质量、真实、透明的财务信息。

（6）当财务报告没有公开，财务信息是私人产品、是内幕信息；财务报告一旦公开，私人产品变成公共产品，内幕信息转化为向市场交流及公开的信息。这时的公开财务信息，对决策的帮助，不但利己（投资人、债权人），而且利他（企业的竞争对手）。如前所说，在市场上，企业财务信息也成为斯密所说的"看不见的手"，客观上为整个市场服务，对全部市场参与者有利。

（7）市场参与者从广义的角度看，还包括市场（证券）监管者、财务信息的鉴证者（独立的注册会计师）、各中介机构（如证券交易所、证券商、经纪人、律师、证券分析师、资产评估师等）、会计实证研究工作者等。他们同投资人、债权人一起，共同进行市场活动的"游戏"，而有的则制定并推行"游戏规则"（包括法规、准则、制度和惯例等）。市场监管机构和上述主要中介机构的有关人员，都必须遵循市场的游戏规则，为投资人、债权人指点迷津，即引导其趋利避害，发现并及时抓住有利机遇，尽可能避免，至少减少风险。他们能够这样做，靠的是什么？也是企业向市场传递的财务信息。否则他们的分析，即使口若悬河、舌吐莲花，也是无依无据，甚至是歪曲事实、弄虚作假的，把投资者引入歧途，而他们却从中得利！2011年，中国在美国上市的概念股之所以遭到重大挫伤，重要原因之一，是美国资本市场的某些中介机构，不以真实的财务信息为依据，不遵守市场游戏规则，结果把中国概念股上市公司推向失败的边缘。一个有序、活跃的资本市场，离开及时、透明、真实、公允的财务信息，是不可能出现的。财务会计面向市场的另一个重要用途，就是确保市场的所有参与者，包括所有的中介机构，共同维持市场秩序，共同促进市场繁荣。

因此，面向市场，最主要的作用是上市企业把真实、公允的财务信息向市场传递，转化为调节资本流动、使之得到优化配置的价格机制，并维持市场的有序和繁荣。

（三）信息与财务信息

会计是把企业的经济数据转化为企业的经济信息的一个场所，财务会计是把企业发生的交易与事项中含有的财务数据转化为企业财务信息的一种活动。

什么是信息？目前，还没有一个统一的信息定义。哲学家认为信息是认识论的一部分，物理学家认为它是熵的理论，数学家认为它不过是概率论的发展，通信工作者则把它看作不确定性的描述。据 1975 年统计数据显示，公开发表的有关信息的定义有 39 种之多。让我们举几个有代表性人物对信息的表述：

信息论的创始人申农（1948）认为，信息是用来消除随机不确定性的东西。控制论的创始人维纳（1948）则认为，信息就是信息，既不是物质，也不是能量。对于这个古怪的说法，维纳有他独特的见解：信息这个名称的内容，就是我们对外界调节、为外界所了解时，与外界交换来的东西。接收信息和使用信息的过程，就是我们对外界环境中的种种偶然性进行调节，并在该环境中有效地生活着的过程。这里，维纳实际上把信息定义为人同外界交换的东西，这种东西既不是物质，也不是能量，而是第三种资源。不过，信息不能凭空存在，它仍然依附于物质、依靠能量传递。另一位著名的信息研究专家农哥（1975）则认为，信息是事物之间的差异，而不是事物本身。

综合以上学者和其他人的定义，信息至少有三个特点，一是描述事物的特征，二是反映事物的差异，三是说明事物差异的变动。

财务会计所提供的财务信息正是通过货币计量，描述一个企业（主体）经营、投资和理财等方面的特征，并反映由此产生的经营业绩（含投资、理财业绩），如经营利润和综合收益，并说明它们（包括财务状况、现金流量）的变化。

一个企业的财务状况、经营业绩和现金流量是客观存在的，财务信息不过反映它们过去、现在的变化（也预测未来的变化），但财务信息不是企业的资源和主权及其变化的本身。

我们认为世界上的信息有两种：一是事物始终可以看得见、摸得着的客观存在（如人和景物），对它们的反映（如构成的人物照和风景照），完全外在于事物。人物照和风景照提供的人物信息（人物相片）和风景信息（风景相片）如果不够真实，人们可以直接去看本人或直接到风景点旅游，这种信息暂名之为"真实信息"。二是客观事物始终看不见、摸不着，只有通过信息，才能显示出来，这种信息暂名之为"既真实又虚幻的信息"。财务信息就是这样一种信息，如果不通过财务会计加工成财务报告，你始终看不到企业有多少价值的资源，它是怎样运用的，运用的结果如何，财务报告和企业客观存在的经济真相始终存在着虚幻的感觉。"不识庐山真面目，只缘身在此山中"，财务信息作为一种既真实又虚幻的信息，对于试图了解企业真相的所有人们都是至关重要的。因为离开财务报告，我们几乎无法观察、了解一个企业的财务状况、经营业绩和现金流量，无法了解企业所面临的不确定性和风险。

可以说，一个企业，尤其是现代大型企业离开财务报告所传递的财务信息，至少在现在的技术条件下，不论是企业的管理层，还是处于市场的投资人、信贷人、其他债权人和其他与企业有利害关系的集团和个人，都不能从经济和财务上了解该企业的特征、变动及其未来发展。倘若不能通过财务信息的传递，来了解企业经济活动的不确定性，谁也不敢向企业投资，甚至市场参与者也不敢同这个企业进行交易！

由此可见，所谓财务信息就是存在于企业客观世界中，资源、资源主权以及它们的变动和特征的新反映。企业的资源、资源主权以及它们的变动，是随着交易的发生而不断变化的，是客观存在的。但是离开把交易产生的数据转化为有用的财务信息，企业的经济变化恐怕是无法了解的"黑箱"，财务信息的作用是把这个"黑箱"打开，如实地、公正地、透明地向市场传递。因而，企业才能成为市场经济的一个成员，与其他市场参与者一道，共同营造公正、公平、透明的市场，共同创造社会财富，促进社会的繁荣与发展。信息是每个企业提供的，但一旦向市场公开，它就变成公共产品，为全体参与者共享。在这里，我们再一次强调，财务信息的提供，企业原来（本意）是为了"利己"，为了向市场寻租（发行证券、筹集资金、并购其他企业、扩大资本和规模等），但在客观上，财务信息转化为市场公开信息，又能"利他"。

因此，财务信息主要指一个企业能用货币表现的经济活动与结果的特征，即企业财务状况、经营业绩和现金流量的反应。

（四）经济系统

所谓系统，是指一系列相互联系、相互依存，但又各自起特殊作用的部分（程序）而构成的统一整体。系统普遍存在于自然界和社会界，宇宙和社会就是一个自然存在的大系统，大系统还可以分为无数小系统。大系统一般是天然的，许多小系统是人造的，它们是人们为了达到某种目的而建立的。任何系统都有以下六个特点：

（1）系统必须由两个以上的部分构成，越是大的系统，它的组成部分越多，结构越复杂。

（2）系统中的各个组成部分具有不同功能，但又彼此作用、互相联系，并共同服务于系统的目标。

（3）人造系统先定目标，然后规定为达到目标而必须具备的各个组成部分，以为实现目标的各种功能。

（4）系统中必须存在着物质、能量、信息的交换和流动。如果是一个信息系统，主要是把无序的数据加工为有用的信息，但数据和信息都离不开物质（如凭证、账簿、报表）的依附，离不开能量的传递。

（5）每一个系统都既有输入又有输出，财务会计作为一个人造的经济系统，其输入是企业发生的交易和事项产生的财务（可用货币表现的）数据，而输出则是供使用者进行经济决策的财务信息。

（6）会计系统的建立在企业，系统提供的信息是市场，企业有自己的利益，市场参与者要利用企业的信息作出有根据的、正确的决策，这就需要协调、进行控制。

系统输出信息的基本功能必须是真实、公允和透明，既不损害企业的利益，又不损害市场投资人、债权人和其他类似使用者的利益。一个高科技的系统（如宇航飞船），需要高度的精确，一个现代企业的财务会计系统，也要力求确切地反映企业的经济真相。

把一项复杂的工程、活动当作一个系统来观察，是系统论在各门科学活动中的运用，标志着现代科学的精密与进步。把财务会计当作一个人造财务信息系统，同样标志着会计学的进步。其进步性表现在：人们既始终用目标指引系统的方向，又十分仔细地研究每一个结构的特征和特殊作用。在这个意义上，我们若仔细观察财务会计这一经济信息系统，通过确认形成的财务报表是该系统的核心结构，而表外披露（其他财务报告）只是系统的补充结构，它使财务报告兼具估计、预测等功能（可供决策参考）。在这个问题上，我们同国际会计准则理事会（IASB）的观点是有分歧的，IASB 在其 2010年的财务报告概念框架（同时也是美国 FASB 的第 8 号财务会计公告）中第 1 章谈到财务报告的目标时，认为"在很大程度上，财务报告是建立在估计、判断和模型的基础之上，而不是精确的描述"。我们认为在很大程度上，财务报告的中心部位——财务报表是建立在确认和计量的基础上，并由会计准则和独立的审计保证其真实与公允，这是财务会计系统的核心结构。由于是核心结构，所以在很大程度上决定整个财务报告的性质。而恰恰相反，估计、判断和模型只是主要适用于系统的辅助结构——其他财务报告，把其他财务报告的性质说成整个财务报告的性质，犯有主次颠倒的嫌疑！我们承认，在加工为财务报表的确认过程中，也运用一定的估计与判断，如计量属性的会计选择、资产价值风险的评估（如存货跌价、坏账损失、折旧、减值等）。但确认过程不是主要建立在估计与判断的基础之上，而是以已发生的交易为基础，以可稽核的凭证为依据，以会计准则为准绳，这就很大程度上保证财务报表信息的真实与可靠。如实反映是财务会计系统核心结构（财务报表的列报过程）的主要属性。已发生的收益信息、财务状况信息、现金流量信息不可能绝对精确、绝对可靠，然而应具有相对可靠的属性。否则财务信息（主要由财务报表提供）就不能成为企业入市的"入场券"，就不能成为正确引导资本市场流动的最重要的信息。把财务报告说成很大程度上以估计、判断和模型为基础，只能把会计引向估计，抹去财务会计这个系统的固有特征，这反而有利于市场上那些弄虚作假者，归根到底，将不利于市场的正当投资人。尽管 IASB 和 FASB（美国财务会计准则委员会）的成员是国际会计的权威人士，已通过的概念框架是一份会计的权威文献，但我们不能迷信权威。要知道，智者千虑，必有一失！他们的这个观点，很值得商榷！

总体来说，经济系统在特定企业中是由确认（列报）和披露两大组成部分构成的，而列报又可分为记录、计量和报表列报三个部分。

附录4 再论财务报告的目标[①]

——兼评《企业数据资源相关会计处理暂行规定》（节选）

刘峰 袁红 苏雅拉巴特尔 王世杰

2023 年 8 月，财政部发布了《企业数据资源相关会计处理暂行规定》（以下简称《暂行规定》），要求相关企业从 2024 年 1 月 1 日起执行。该暂行规定的目的是：规范企业数据资源相关会计处理，强化相关会计信息披露。

在我国财政部关注数据资源会计问题的同时，FASB、IASB 等机构也在发布相关的工作计划，将数据资产等纳入讨论。比如，IASB 和 FASB 当前活跃的联合议题项目都是关于数据资产会计问题，且主要集中讨论的是比特币或类似的互联网虚拟货币。而上述组织或机构之所以到今天仍然没有正式发布与数据资源相关的准则或规定，是因为数据资产会计所面临的多重挑战。

（一）数据资源入表的理论基础挑战

首先，将数据资源入表，形成"数据资产"，直接挑战的是会计上的"资产"的定义。有趣的是，在 FASB 的概念框架发布后，资产定义与财务报告目标的定义都被认为是革命性创新，被各国、经济体、国际组织的会计准则制定机构广泛接受。而 FASB 所具体阐述的资产的特征是：过去的交易所取得的、能够拥有或控制、可以产生未来经济利益。这也成为会计理论和实务界讨论资产时所共同遵守的标准。其中，过去交易、事项所取得或形成，决定了资产的取得成本及其可验证性；企业拥有或控制决定了某项资源能否记入该主体的会计系统；能够产生未来经济利益的，就是企业的资产，不能产生或产生经济利益的可能性极低，就应该从资产负债表中转出，记入利润表。

尽管存在争议，但上述资产的定义特别是三项特征，一直是相关文献讨论数据资源的依据。当然，这也对数据资源特别是"数据资产"的会计问题提出挑战。囿于会计上长期所形成的关于资产的讨论，当人们使用"数据资产"一词时，就会关注：第一，取得成本；第二，控制；第三，收益性。与传统资产不同，"数据资产"中的外购数据资源，其成本相对清晰、可辨，而基于公司的管理系统运营过程中所获得的信息（如京东、淘宝公司所拥有的客户网上购物的信息、银行获得的储户信息等）多数是公司运行过程中所自动获取，公司并不需要额外付费。这样，公司内部运营所形成的数据资源，其取得成本往往仅限于采用专门方法或应用程序，从已有数据库中抓取数据、分类、保存等的支出。比取得成本更具挑战的是"控制"，因为，与实体资产的可控制性不同，数据资源甚至包括操作系统等理论上可以无限次的复制、分发、使用，"拥有或控制"在数据资源部分很难体现。只有那些通过自己的经营活动而逐步积累形成的数据库，企业没有商业化的安排，才具有排他性控制权或使用权；购入的数据，企业并不拥有排他性使用权，这也为数据资源能否入表、形成企业的资产提出挑战：自有数据是企业经营过程中形成的，企业拥有控制力，但它的取得成本难以量化；外购的数据资源的取得成本信息明确，但企业不具备排他性控制权。

[①] 原文载《会计研究》2023 年第 4 期。

对数据资源入表的另一项挑战是收益能力。除非是专门的商业数据库公司，其开发成熟的商业数据库可以单独售卖，具有明确、可量化的收益能力外，那些借助数据资源进行商业推广、提升运营效率的企业，会使用到上万个数据包，究竟哪些数据包对公司运营的提升有帮助且具体帮助力度有多大，难以明确甄别。相应地，数据资源在计入会计系统、成为数据资产后，它的后续价值如何计量，是一项新的挑战。

正因为数据资源的取得成本、排他性使用、收益能力等方面都不同于传统的资产，相应地，数据资源的会计准则在制定过程中，遇到前所未有的挑战。这或许也可以解释FASB、IASB 等会计准则制定机构对这一话题为什么"议而不决"。

（二）《暂行规定》发布的现实基础与意义

与 FASB 和 IASB "议而不决"的态度相比，我国会计准则制定机构采取了更加务实、有效的方式。一方面，数据资源对我国经济发展的促进意义日显重要。在"关于构建数据基础制度更好发挥数据要素作用的意见"中，数据被定义为新型生产要素；2022年，我国数字经济规模达 50.2 万亿元，占 GDP 的比重为 41.5%。可以说，数字资源已经成为我国经济发展的重要组成要素。如果会计系统长期不纳入反映，对经济发展会存在不利甚至是负面后果。比如，大智慧是一家以证券信息服务为主要业务的公司，它在2019—2022 年度的营业收入分别是 6.83 亿元、7.08 亿元、8.19 亿元和 7.80 亿元，它的固定资产、使用权资产、无形资产合计分别是 0.022 亿元、0.023 亿元、0.26 亿元、0.21 亿元。又如，瑞幸咖啡是一家连锁咖啡饮品提供商，2020—2022 年它的销售收入分别是 40.33 亿元、79.65 亿元、132.93 亿元，它的固定资产、经营性租赁、使用权资产等的合计分别是 20.71 亿元、30.43 亿元、38.71 亿元。上述两家企业的固定资产与销售收入的关系，不是传统意义上那种固定资产代表了企业的规模（黄世忠，2019）。目前倾向性意见认为，因为数字化，数据资源在企业运营中发挥的作用越来越大，传统的固定资产在企业再生产中的作用降低，导致成企业生产能力的固定资产或长期经营性资产与公司营业收入之间的关系在减弱（刘峰等，2022）。比如，大智慧以数字产品的运营（包括与数据资源关联的应用程序等）为主，而它的绝大部分数据资源的投入都没有记作资产；瑞幸咖啡销售收入的增长，来自其连锁扩张，它在过去短短三年里从3 000 多家门店扩张至超过 10 000 家，就是依赖数据资源的支撑，包括各种系统和应用、相应的数据分析等。

另一方面，考核指标是企业决策和管理的指挥棒。数据资源不能入表，天然决定了企业各种发展指标的制定中难以将数据资源的建设纳入考核指标，这会对企业的发展造成不利影响。尤其是在当前数字经济时代，企业如果不注重数据资源的投入，一定会落后于时代。因此，让数据资源入表，是必然趋势。

但是，综上所述，数据资源入表所面临的挑战是全面的，尤其是从数据资源到数据资产，数据资产在特性上完全不同于传统环境下的资产特征。《暂行规定》基于现行会计准则，在理想和现实之间做了较好地权衡：一是按照无形资产或研发支出等的方式，将企业在数据资源上的投入纳入表内，或作为无形资产项下的数据资产，或作为存货；二是记作无形资产的数据资源，确定使用期间进行摊销。数据资源的价值在不断波动，《暂行规定》没有规定企业必须要根据公允价值的某个层级对数据资源及其价值定期进行重估价；三是《暂行规定》对入表的数据资产的披露，给出较具体的规定，包括数据资源的应用场景或业务模式、加工维护、相关权利失效和受限等信息，特别提出鼓励企业披露未确认为无形资产或存货的数据资源。

与 FASB、IASB 等机构相比，我国的会计准则制定部门对数据资源的会计处理，相对更加积极、主动，颁发对实务存在约束作用的《暂行规定》；鉴于数据资源对会计的挑战，目前的理论尚缺乏有效的解释，《暂行规定》采用了更务实的处理方式：以实际支出入账，以充分披露为主线。毕竟，企业设立会计系统、提供财务报告，通过对企业财产详细的记录，能够事后核查、评价相关主体（尤其是受托方）是否尽责，是否存在"疏忽与浪费"，从而厘清相关当事方的责任，是财务报告的基本目标。

进一步地，如果市场是有效的，那么，《暂行规定》的表外充分披露，对那些理性、勤奋的投资者来说应该是有用的，且其有用性程度不弱于表内确认。因为，如果将财务报告的目标定位在"决策有用"，且使用者关注的是面向未来的投资决策，表外披露的数据资源信息同样能够向使用者展示企业拥有的数据资源，它们与表内信息一起，帮助投资者形成关于企业未来经营发展的预测。

附录5 人工智能时代的会计变革：
演进逻辑与分析框架（节选）①

杨寅　刘勤

（一）人工智能时代会计变革的分析框架梳理

改革与创新是会计变革的主旋律（孙峥和刘凤委，2019），人工智能时代的变革将在会计领域全面开花。会计变革与技术因素、组织因素、环境因素等因素息息相关，并且各个因素之间也存在联动匹配的关系。会计职能与会计工作在人工智能的技术特征和技术模式作用下，以及组织因素和环境因素的共同影响下，将会形成不同的逻辑变革方向，人工智能时代会计变革的分析框架如附图5-1所示。本文在组织因素和环境因素的影响背景下，将重点研究人工智能时代会计职能与会计工作的变革，对会计工作与技术特征、会计工作与技术模式、会计职能与技术特征、会计职能与技术模式四种关系之间的演进逻辑进行深度剖析。

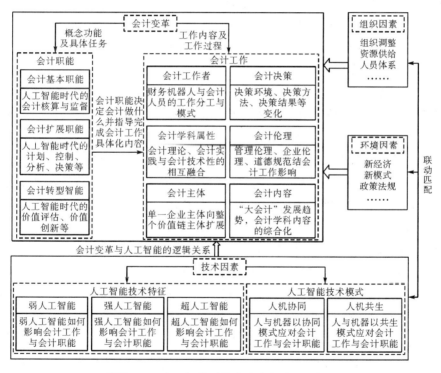

附图 5-1　人工智能时代会计变革的分析框架

（二）人工智能时代的会计职能

1. 会计基本职能更加无人化

经营活动使企业产生大量会计核算工作，具有典型的规则明确、流程清晰等特点。弱人工智能技术将会计核算处理规则嵌入财务机器人中，模拟和替代会计人员处理大量

---

① 原文载《会计研究》2024 年第 3 期。

重复性工作，以人机协同的技术模式完成会计稽核、会计凭证、会计报表、资金付款等工作，使大量分散性、重复性、同质性的会计核算工作在基本无人的状态下完成。

会计监督以规则或政策为前提，利用弱人工智能技术在会计信息系统中设置相关程序，帮助会计人员以人机协同技术模式完成监督工作。弱人工智能技术帮助会计人员按照既定的业务规则监督会计职能的实现，防止出现人为舞弊和工作错误，并能根据不断变化的业务活动，利用强人工智能技术做到事前和事中监督。更重要的是，企业利用强人工智能技术记录每一个会计处理步骤，如果出现会计工作错误，将作为审计证据通过人机协同共生模式判断是否符合法律规定，避免误判会计人员的操作结果。

2. 会计扩展职能将提供更丰富的洞察决策结果

企业面临激烈的市场竞争，为了保持持续的竞争优势，财务部门所能发挥的优化管理决策与完善经营方案等作用显得尤为重要。因此，会计职能已由确认、计量和报告等基本职能扩展到预测、决策、计划、评价、分析等职能（杨纪琬和阎达五，1982；阎达五，1983）。会计扩展职能通过人机协同共生的技术模式完成事先计划和事中监督，基于弱人工智能技术的财务机器人可以做到无人干扰的模拟计划、过程控制。对于部分可能发生偏差的执行结果，财务机器人通过自主意识查找原因，并能及时纠错。弱人工智能和强人工智能的技术特征并不能完全吸纳和理解企业面临的各种内外部因素，涉及人工智能无法识别和判断的因素和信息，基于人机协同共生的技术模式，会计人员的职业能力和主观判断将会变得至关重要。

会计扩展职能更多的涉及企业内部管理活动的估计和判断，而预知未来或未知始终充满了不确定性。人工智能技术特征对各种方案提供基于定量的参考分析，但如何对未来或未知作出最优决策，还需要会计人员基于人机协同共生技术模式结合专业能力对方案作出定性分析。会计扩展职能的定量分析主要依靠强人工智能技术的数据分析能力提供多种可能的方案，而定性分析是通过会计人员历史经验的积累、经营活动变化趋势的推测、行业内外变化的判断，给出各种方案的优劣势，最终通过人机协同模式或人机共生模式择优决策。

3. 会计转型职能凸显会计人员价值

会计职能在面对资本市场的复杂性、金融市场的波动性、公允价值的确定方式、经济后果的分析方法、宏观经济的反映等问题已显得无能为力，迫使会计职能不断转型。会计职能中以会计信息作为投资者需求分析的唯一来源受到了冲击，企业更加关注客户和渠道的信息，跳出传统三大报表的会计数据，主动拥抱以价值创造为基础的第四张报表。会计转型职能联合金融学、管理学、经济学等多学科的知识体系，在人工智能技术特征和技术模式的帮助下，融入各种非会计数据，帮助企业解决价值评估、不确定性领域、反映宏观经济等问题。

人工智能在会计转型职能中或许能起到一定的作用，尤其是强人工能技术的表现将会更加期待。随着超人工智能技术的研发加速、强人工智能技术应用的不断落地，以及财务机器人能够通过一定的自我意识而自主设定复杂的目标，并不断学习新的复杂工作场景，会计人员以人机协同或人机共生的技术模式执行价值创造过程中各种设定的任务。企业通过构建各种智能算法，修正和改正由自我经验判断产生的偏差，为决策者在价值评估、机遇判断、风险预知、经营推演等不确定性领域提供更多的决策依据（丁慧等，2018）。会计转型职能利用各种人工智能的技术特征对市场需求、资源计划、产品定价之间的关系进行模拟演练，以会计思维作出及时、准确、客观、全面的判断，并对企业价值进行合理估值，以人机协同共生的技术模式辅助管理者完成不确定性领域的各种决策。

（三）人工智能时代的会计工作

1. 会计工作者中将出现"机器人"员工

人工智能时代财务机器人以人机协同模式完成操作重复、规律可循的会计工作。随着强人工智能技术的应用，一些需要较强判断、思考、分析要求的会计工作，交给会计人员和财务机器人以人机共生模式完成。经济越发达，会计越重要，而大量简单、重复的会计工作或会计岗位正在被人工智能取代，导致会计工作形式发生了改变，这也正是人工智能时代对会计工作深度分工的结果。人工智能时代，会计工作者将是会计人员与财务机器人共存的一个状态。会计工作利用弱人工智能技术使会计基础交易工作主要以财务机器人为主的人机协同模式完成。而可以完全胜任人类工作的强人工智能技术也正在改变着预测、决策、计划、控制、评价、分析等会计工作，会计人员以人机共生模式提供决策支持和管理控制。

"机器人"员工在人工智能时代作为一种虚拟角色而存在，可以低成本、高效率地完成各种工作，帮助企业间接增加利润（Wilson 和 Daugherty，2018）。因此，财务机器人也能以"员工"的角色进入财务部门，以人机协同模式替代各种标准化的会计工作。随着强人工智能技术快速发展，一些需要判断的会计工作也以人机共生模式由智能财务机器人完成。人工智能时代，标准化的管理方法更加吻合财务机器人的工作方式，而以人为本的原则更加适合会计人员的管理。企业管理层需要了解人工智能的技术特征、熟悉财务机器人的运行方式，才能使会计人员和财务机器人在人机协同共生模式下更好地服务会计工作。

2. 会计决策将迈入最优决策时代

满意决策与最优决策始终充斥着管理者的思维，由于受到企业运营环境和技术条件的影响，财务部门以"满意"作为会计决策的目标之一。"满意"会计决策使用估计或统计学的方法进行决策，能够完成企业的规划目标，使会计决策更加理性且贴近于实践。会计人员通过人机共生模式利用强人工智能技术为会计最优决策的实现注入了生机。企业利用各种强人工智能技术处理海量数据，通过各类智能算法和模型，将数据中隐含信息转化为决策。弱人工智能技术使会计决策变得越来越"容易"与"廉价"，强人工智能技术也开始在会计决策中崭露头角，超人工智能技术却仍在探索之中，会计人员更需要依靠自己的智慧以人机共生模式完成会计决策。人类智慧与机器智能在人机协同共生模式下完成最优会计决策，人类专家已经在尝试利用强人工智能技术提供的信息完成趋于最优决策。

人工智能构建各种场景的智能算法协助人类分析、处理和解决复杂问题，在管理者受到知识、记忆、精力等限制时，可以基于智能预测和提供多种决策方案，帮助管理者作出最优而科学的决策（Edwards 等，2000）。人工智能构建决策模型可以模拟人类的思维和行为，提供最优的决策结果。决策环境在特定的应用条件和技术特征下是完全可控的，绝对理性的智能机器和确定性的决策环境为最优会计决策实现提供了可能（Wilson 和 Daugherty，2018）。

3. 会计学科属性将更加复杂

哲学可以指导会计研究的开展，会计学科属性从哲学高度可以归纳为会计理论与会计实践（徐鹏、徐向艺，2020）。会计理论是对会计工作全面理性认识，以严谨科学的形式对会计工作进行逻辑推理，并对会计实践理性描述，在会计实践中反复检验得出推理。人工智能对会计工作冲击的同时，会计理论也将融合经济学、金融学、心理学等理论，扩大会计理论体系。人工智能使会计工作在数据、算力、算法等方面有了更多的发挥余地，不断地挖掘更多基于人工智能的会计实践场景，将人工智能与会计理论和会计实践完美地融为一体。

科学性和艺术性是管理属性的本质所在，分别代表着管理理论与管理实践（徐鹏和徐向艺，2020）。会计的科学性通过对会计工作进行总结与分析从而形成会计理论，具有可指导性和可重复性。会计的艺术性通过会计理论指导会计实践，并能推动新的会计理论发展，具有灵活性和应变性。会计技术性是会计理论应用于会计实践过程中所使用的工具、方法等辅助手段，会计工作需要将会计理论很好地指导会计实践，而这个指导过程就能体现会计技术性的作用。弱人工智能和强人工智能的技术特征在会计理论与会计实践中展开了丰富研究和应用实践，使会计技术性特征更加明显。超人工智能或许更多地体现在会计理论的研究中，毕竟相关技术仍在探索之中。人机协同共生技术模式作为会计技术性的重要特征，使会计理论与会计实践中的会计技术性价值越来越高。

4. 会计伦理将使会计职业道德与智能伦理规范更加融合

人工智能时代，不管是依靠基于弱人工智能的财务机器人独立决策判断，还是基于强人工智能的以财务机器人为辅、会计人员为主的人机协同模式或人机共生模式，都将引起会计工作岗位代替、责任划分模糊、数据安全保护等伦理规范问题。在人机协同共生模式下，企业更需要考虑会计工作岗位和会计决策责任主体从单一会计人员过渡到会计人员和财务机器人共存的状态。弱人工智能时代，我们应该更多地关注会计人员的法律责任以及相对应的职业道德。强人工智能时代或超人工智能时代，人机协同模式与人机共生模式的设计就显得尤为重要，或许能防范人工智能时代出现的会计伦理问题。

会计伦理是在会计工作中各个利益相关者所履行的权、责、利，让会计的管理活动与社会的伦理道德相吻合。随着人工智能在会计领域的普遍应用，会计管理活动是否一直以追求手段智能化为主要目的，可能会违背伦理道德的要求，以及会计工作或因不受伦理道德的约束而无忧无虑地发展。管理层需要了解不同人工智能技术特征的优势与局限性，以及人机协同共生技术模式的工作特征，才能应对人工智能在会计工作中可能带来的伦理道德问题（Davenport 和 Ronanki，2018）。企业需要跟随国家制定的法律依据，实行财务机器人与会计人员谁违法谁承担责任，以及风险发生时的分担机制。

5. 会计主体由单一走向多样化

会计主体明确了会计确认、计量、记录和报告的物理范围，每个企业都是一个有别于或独立于其他企业的会计主体。价值链管理对会计变革提供了新的挑战与机遇，会计主体的服务范围将由企业内部向价值链各个主体扩展（Gersffi 等，2005；Kaplinsky，2000）。会计为企业内外部用户提供各种信息，作为财务部门决策的依据，不仅可以对经济活动进行确认、计量，还可以为企业提供计划、决策、绩效等战略需求。会计工作深入市场、计划、研发、生产、售后等各项价值活动中，全面了解价值活动中面临的各种会计问题，将会计主体的思维由企业内部走向价值链的各个会计主体，以会计思维对外凸显生态融合的价值。

会计主体在价值链中以信息使用者提供动态的有价值信息为前提，为实现企业竞争优势和价值链价值最大化提供帮助。而数据、信息和知识等虚拟价值资源在价值链中的作用将越发凸显（李晓华、王怡帆，2020），让会计管理活动与供应链更好的为各个会计主体以人机协同共生模式提供竞争优势。会计主体外部价值链与内部会计管理活动的融合加速企业重新认识价值管理，利用人工智能技术特征将价值信息利用全过程与供应链各个主体的控制与管理相结合，会计人员基于人机协同共生的技术模式，确保供应链各个会计主体价值最大化。人工智能时代正在加速开放财务组织的边界，不仅深入会计主体的内部管理，还需融合供应链管理，甚至关联生态圈的各个会计主体。人工智能技术特征加速价值链各个会计主体之间的信息沟通与交换，并能用各类信息帮助会计主体连接生态圈的其他合作伙伴（Min，2010）。

6. 会计内容将向"大会计"发展

传统会计内容主要以做账为主，对经济业务事项以货币为计量单位，反映企业的经营管理活动。企业的信息流、业务流、资金流融为一体，促进业务活动、财务会计、管理会计、财务管理、审计、税务等相互融合的"大会计"形成，也是服务于企业全流程、市场竞争、价值创造的"大会计"（杨雄胜等，2016）。"大会计"具有经营性、全局性的思维，以会计思维融入业务活动和管理经营中。"大会计"具有战略性、前瞻性的思维，帮助企业制定战略规划、提供决策支持、设计内部控制、确定绩效体系。"大会计"具有价值性的思维，在参与供应链的经营活动中，通过优化决策、预测风险、预知机遇、经营模拟等为企业创造价值。

"会计智能体"已经在智能财务或智能会计中提出（任晓明、李熙，2019）。财务会计、管理会计等"大会计"在理论上的同源性已经达成共识（徐玉德，2002）。人工智能技术通过人机协同模式帮助会计人员智能化地完成填单、稽核、付款、记账、报告等财务会计工作，而计划、决策、控制、评价、分析等管理会计工作利用强人工智能技术，结合相关智能算法，以人机共生模式完成相关工作。企业通过人工智能采集的外部数据、业务数据、财务数据，强人工智能技术以人机共生模式辅助性地完成税务风险、税收筹划等税务管理工作，以及公司治理、企业并购、投融资等财务管理工作。因此，人工智能的技术特征和技术模式能够推动"大会计"的实现，"大会计"将是会计变革的一个重要发展趋势。